# 重庆保障**粮食安全的**路径与对策研究

◎ 杜梦露 著

西南大学出版社
国家一级出版社 全国百佳图书出版单位

图书在版编目(CIP)数据

重庆保障粮食安全的路径与对策研究 / 杜梦露著.
重庆：西南大学出版社, 2025. 3. -- ISBN 978-7-5697-3049-4

Ⅰ. F327.719

中国国家版本馆CIP数据核字第2025KU0552号

## 重庆保障粮食安全的路径与对策研究
CHONGQING BAOZHANG LIANGSHI ANQUAN DE LUJING YU DUICE YANJIU

杜梦露 著

责任编辑：秦　俭
责任校对：杜珍辉
特约校对：陈丽波
装帧设计：散点设计
照　　排：瞿　勤
出版发行：西南大学出版社（原西南师范大学出版社）
　　　　　网　址：http://www.xdcbs.com
　　　　　地　址：重庆市北碚区天生路2号
　　　　　邮　编：400715
经　　销：新华书店
印　　刷：重庆正文印务有限公司
成品尺寸：170 mm × 240 mm
印　　张：10.5
字　　数：201千字
版　　次：2025年3月　第1版
印　　次：2025年3月　第1次印刷
书　　号：ISBN 978-7-5697-3049-4

定　　价：58.00元

# 序

粮食安全是"国之大者"。党的十八大以来,以习近平同志为核心的党中央把粮食安全作为治国理政的头等大事,提出了新粮食安全观,确立了国家粮食安全战略,引领推动了粮食安全理论创新、制度创新和实践创新,中国特色粮食安全之路越走越宽广。在全球一体化进程加速、地缘政治形势风云变幻、气候变化影响日益凸显的当下,粮食安全面临着前所未有的复杂挑战与全新机遇,已成为国际社会广泛关注的焦点核心。

一是全球粮食供求格局的失衡。近年来,全球粮食供求格局呈现出愈发复杂且严峻的态势。从供给端来看,受到气候变化、耕地资源减少、水资源短缺以及农业生产技术发展不均衡等多重因素的制约,部分粮食主产国的粮食产量出现了波动甚至下滑的情况。一些非洲国家长期遭受干旱、洪涝等极端气候灾害的侵袭,农作物大量减产,使得本国粮食自给率急剧下降。同时,全球范围内的城市化进程加速推进,大量优质耕地被用于城市建设和工业开发,进一步压缩了粮食种植面积。联合国粮农组织统计数据显示,过去几十年间,全球可耕地面积增长率持续低于人口增长率,人均耕地面积不断减少。从需求端看,全球人口的持续增长,带动了粮食刚性需求的上升。与此同时,人们对美好生活的追求使饮食结构发生改变,对肉类、奶制品等高蛋白食品的需求增加,间接导致了饲料用粮需求的大幅增长。

二是地缘政治冲突对粮食贸易产生的不利影响。地缘政治冲突已经成为国际粮食安全面临的一个主要不稳定因素。如中东、北非等地区,持续的政治动荡和战争严重破坏了当地的农业生产设施和水利系统,导致粮食产量急剧减少,粮食供需严重失衡。同时,由地缘政治冲突引起的贸易制裁、运输封锁等极端措施,也严重扰乱了全球粮食贸易的正常秩序,如俄乌冲突。作为全球主要粮食出口国的俄罗斯和乌克兰,其粮食出口受到冲突的严重影响,造成国际粮食市场供应紧张。许多依赖粮食进口的国家面临着粮食供应中断和成本上升的双重压力,全球粮食安全正面临严峻挑战。

三是国际粮食市场价格呈现剧烈波动。粮食价格的变动不仅受到供求关系的影响,还与能源价格、金融市场波动、汇率变动以及生物燃料发展等多种因素紧密相关。如石油价格的上涨会提高农业生产资料的成本,进而推动粮食生产成本上升,最终导致粮食价格上涨。同时,国际金融资本对粮食市场的投机炒作,也会加剧价格波动的幅度和频率。如一些大型金融机构为谋取可观利润,通过在期货市场上大量买卖粮食期货合约,人为制造价格波动,使得粮食价格与实际供求关系脱节,增加了粮食市场的不确定性。

党的十八大以来,党中央立足世情国情粮情,确立了"以我为主、立足国内、确保产能、适度进口、科技支撑"的国家粮食安全战略,提出了"谷物基本自给、口粮绝对安全"的新粮食安全观,引领推动了粮食安全理论创新、制度创新和实践创新,走出了一条中国特色粮食安全之路,为世界贡献了中国智慧和中国方案。

一是粮食产量稳步增长。自2004年以来,我国粮食总产量连续多年稳定在1.3万亿斤以上的高位,2024年总产量更是达到14 130亿斤,比2023年增长1.6%,再次创下历史新高。

二是谷物供应基本自给。目前,我国谷物自给率超过95%,为保障国家粮食安全、促进经济社会发展和国家长治久安奠定了坚实的物质基础。

三是食物供应体系不断健全。2018年全国共有标准粮食仓房仓容6.7亿吨,简易仓容2.4亿吨,仓容规模进一步增加,设施功能不断完善,安全储粮能力持续增强,总体达到了世界较先进水平。

四是可持续发展能力不断提升。全面落实永久基本农田特殊保护制度,划定永久基本农田15.50亿亩。2020年,农田灌溉水有效利用系数超过了0.56,水稻、小麦、玉米三大粮食作物的化肥、农药利用率分别达到40.2%、40.6%,农膜回收利用率超过80%,秸秆和畜禽粪污综合利用率分别达到87%、76%,绿色生产正成为现代农业的主旋律。

重庆是中西部地区唯一的直辖市,农业一直是基础保供产业。近年来,全市粮食播种面积持续稳定在3000万亩左右、总产量稳定在1000万吨以上。同时,重庆坚持政策引导和市场需求,跟进调整优化品种结构,形成了以水稻、玉米、薯类等为主的粮食作物种植格局。其中,在大豆玉米带状复合种植技术推广和政策激励下,玉米、豆类比重上升,稻谷、小麦略微下调;薯类作物具有适应性强、产量高等特点,在重庆粮食生产中发挥着重要的补充作用。同时,重庆还注重发展特色粮食产业,如贡米、再生稻、米粉、鲜食玉米等,这些特色粮食产品在市场上具有较高的知名度和竞争力,为保障粮食安全发挥了积极作用。

尽管重庆在确保粮食安全方面已取得一些成就,但挑战依然存在。一方面,由于重庆山地丘陵占比较高,耕地多为"鸡窝地""巴掌田",不利于大规模机械化作业。另一方面,随着城市化的快速推进,农村劳动力老龄化和劳动力短缺问题愈发严重,在一定程度上对粮食的规模化、集约化发展造成障碍。同时,重庆易发的干旱、洪水和高温等极端天气,不仅会导致粮食产量减少,还可能影响粮食品质,加大了区域粮食安全风险。

面对多重挑战,重庆实施了多项行动来确保粮食安全。

第一,提升耕地质量。重庆把提高耕地质量作为粮食增产的重要抓手,结合"千年良田"项目,大规模推进高标准农田建设。通过改善农田基础设施、改良土壤等措施,耕地质量明显提高。

第二,推广新技术。推广水稻、玉米等全程机械化生产技术,以及水稻新型直播等轻简化栽培技术。实施重要农作物良种良法高效栽培技术集成推广,加强粮食质量安全监管,确保粮食产量稳定增长。

第三,提升农业科技能力。持续开展关键核心技术攻关,补齐丘陵山地农业机械化短板,积极推进农业现代化、数字化、机械化进程,带动农业生产效率提升。

第四,产学研联合协作。加强粮油作物生产关键时节的技术指导,构建"专家—技术指导员—科技示范户—辐射农户"的服务体系。

第五,完善粮食储备体系。推广应用绿色储粮技术和精细化管理,建立粮食配送中心、粮食供应网点等粮食流通体系,确保粮食流通的效率和安全性。

第六,培育特色粮食品牌。打造了一批品质过硬、特色鲜明、知名度高的粮油区域品牌,培育了一批产品优、信誉好、竞争力强的企业品牌和优质特色粮油品牌。

第七,发展农业保险。通过保险手段减少农民因自然灾害等造成的损失,进一步稳定农民种粮收益,提高农业产业韧性,夯实产业发展底气。

综上,粮食安全是一个全球性、系统性的重大问题,涉及生产、流通、消费等各个环节,对国家的经济发展、社会稳定和人民福祉具有深远影响。从国际视角看,全球粮食安全的形势依旧严峻,粮食供求失衡、地缘政治冲突、价格波动与市场垄断等问题错综复杂。从国内视角看,我国通过实施一系列科学有效的粮食安全战略举措,实现了粮食生产的连续丰收和产能提升,构建了较为完善的粮食安全保障体系。立足重庆来看,其作为粮食产销平衡区,在保障粮食安全方面具有独特的地位和特点,但也面临着诸多挑战。

《重庆保障粮食安全的路径与对策研究》一书,正是在这样的背景下应运而生。本书对全球主要粮食品种生产贸易情况、粮食安全形势进行分析,为我国粮食安全保障提供宏观维度和战略视角;对我国粮食产销趋势变化进行分析,提出我国合理利用全球资源的必要性,为重庆粮食安全保障提供可靠路径;客观分析近年来重庆粮食产业发展现状及存在的主要问题,选择国内外典型粮食安全保障发展经验,剖析其在粮食产业发展中的创新模式、成功经验、主要做法等,梳理可复制、可推广的实践路径,为重庆粮食安全保障提供参考和借鉴;对重庆种粮效益、消费偏好进行实证分析,进一步提出重庆保障粮食安全的有效路径和具体措施。相信本书的出版,将为重庆乃至全国在保障粮食安全领域的理论研究和实践探索提供有益的参考和借鉴。同时,也希望本书的研究成果能够引起更多学者、政府部门和社会各界对粮食安全问题的关注和重视,共同为保障全球粮食安全贡献智慧和力量。

中国作物学会理事

重庆市农业科学院水稻研究所所长

姚雄

2025年3月

# 前　言

粮食安全是国家安全的重要基石,是社会稳定、经济繁荣和人民福祉的根本保障。在全球气候变化加剧、地缘政治冲突频发、人口持续增长的大背景下,粮食安全已成为国际社会共同关注的焦点议题。作为世界人口第一大国,中国的粮食安全问题不仅关系到14亿人口的生存与发展,更对全球粮食市场稳定具有深远影响。重庆,作为中国西部唯一的直辖市和长江经济带的核心节点,其粮食安全保障能力不仅关乎区域经济社会的可持续发展,更是国家粮食安全战略布局中不可或缺的一环。

重庆地处长江上游地区,集大城市、大农村、大山区、大库区于一体,特殊的地理区位和复杂的自然条件决定了其在保障粮食安全方面面临着诸多挑战。一方面,随着城市化进程的加速推进,工业化、城镇化对土地资源的刚性需求不断增加,耕地保护面临巨大压力;另一方面,受地形、地貌和气候条件限制,农业生产效率提升难度较大,且自然灾害频发,给粮食生产带来诸多不确定性。然而,当前保障粮食安全并非仅仅局限于解决温饱问题,更涉及经济、社会、环境等多方面的协调发展,是一项复杂而系统的工程。如何在有限的资源条件下,通过科学合理的规划、有效的政策引导以及创新的发展模式,实现粮食持续稳定供给,提高粮食安全保障能力,成为摆在重庆面前亟待解决的重大课题。

鉴于此,本书从全球粮食安全发展趋势分析入手,在粮食贸易复杂变化的情况下,分析其对我国粮食安全的影响,以及我国合理利用国际粮食资源的必要性。分析我国粮食生产、贸易现状,以及我国粮食增产因素,进而分析国家粮食发展对重庆粮食安全的影响。立足重庆实际,分析其粮食生产的现状与存在问题,总结凝练国内外粮食产业发展典型经验,同时对重庆种粮效益、消费偏好进行分析,为重庆全面保障粮食安全提供有效参考。在此基础上,笔者对重庆作为国家粮食产销平衡区,在新形势下需要采取哪些措施来保障粮食安全提出了建议,以期为重庆积极融入全国统一大市场建设,主动融入和服务国家重大战略,在推动共建"一带一路"、长江经济带、西部陆海新通道联动发展中发挥更大作用提供参考。

本书的研究内容主要包括以下几个方面。

一、理论基础与文献综述。梳理了党的十八大以来,习近平总书记关于粮食安全的重要论述,主要涉及实施重大战略、保护种粮积极性、培育优良品种、严格耕地保护、坚持大食物观、杜绝粮食浪费等方面。分析了马克思的供给需求理论、马歇尔的均衡价格理论、亚当·斯密的国际贸易理论等基础理论,以及粮食安全内涵、国际形势对我国粮食安全的影响、粮食安全实证研究分析、粮食安全政策研究等文献综述。同时,比较分析粮食、口粮、粮食安全、粮食安全战略等概念,在此基础上对本文研究的内容进行界定。

二、全球粮食贸易形式对我国粮食安全的主要影响。在重点分析全球主要粮食品种生产、贸易情况基础上,进一步分析世界粮食安全形势及未来发展趋势。同时,分析新形势下世界粮食贸易发生的主要变化及其对我国粮食安全的主要影响,围绕国际粮食市场供给、国际粮价波动、粮食进口来源、粮食运输、国际能源价格、粮食国际竞争力等进行分析,并提出我国合理利用全球资源的必要性。

三、我国粮食安全形势对重庆粮食安全的主要影响。从粮食产量、面积、单产等方面分析我国粮食生产总体情况。分析全国粮食增产的主要因素,采用实证分析的方式,测算2004—2022年全国及区域粮食增产要素贡献率,得出粮食主产省中,南方主产省的单产贡献率远大于北方主产省,而北方主产省的面积贡献率比南方主产省更大;非粮食主产省的单产贡献率远高于粮食主产省的单产贡献率,而面积的贡献率则相反;由高产量粮食作物替代低产量粮食作物的种植结构调整对全国粮食增产有着十分重要的作用等结论。基于分析结果,围绕耕地面积、粮食品种结构、国际粮价等方面,提出当前国家粮食安全形势对重庆粮食安全的主要影响。

四、重庆粮食产销现状分析。围绕粮食生产、品种结构、地区布局等分析重庆粮食生产总体情况；从粮食消费趋势、消费结构占比、供需变化等方面对重庆粮食消费情况进行分析；选取水稻、玉米两个主要粮食品种，采用纵横对比的方式，对其成本收益进行分析，进而全面了解和掌握重庆保障粮食安全的现状。

五、重庆在保障粮食安全中存在的问题。基于对重庆粮食安全现状的分析，科学研判重庆在保障粮食安全中存在的问题以及痛点、难点，提出重庆在保障粮食安全中仍然存在土地细碎化、耕地质量不高，科技支撑能力较弱、优质品供给率低，经营主体实力较弱、集约化程度较低，粮食加工能力不足、产业链条不长，种粮比较效益低、制度机制有待完善等现实问题，并对上述问题开展客观、理性的分析。

六、国内外粮食产业发展典型案例。以日本为例，分析其保障粮食安全的主要做法，如：改良品种和土地，实现农业机械化；充分发挥农协作用，健全农业社会化服务体系；保障主要粮食自给率，其他粮食适度进口等。得出及时调整粮食安全策略，加快转变生产方式，注重海外农业投资等经验启示。以粮食主产区黑龙江省为例，分析其在构建农业标准化体系、健全粮食安全保障制度、强化农业科技支撑等方面的主要做法；以粮食产销平衡区的山西省为例，分析其在发挥政策效应、坚持"五良"融合、完善基础设施等方面的主要做法；以粮食主销区的福建省为例，分析其在强化种业创新、完善粮食储备体系、推动区域协同发展、加强对外开放等方面的主要做法。以重庆三个典型村庄为例，分析产业强镇引领型、专业合作社引领型、农业科技专家引领型等三种不同类型的粮食产业发展模式与实践经验。

七、重庆粮食产业发展实证分析。利用实地调查数据，采用相关统计模型，对种粮效益进行分析，发现种粮收入在农民家庭收入中的占比较低，且粮食补贴占比极低；种稻面积与粮食补贴之间的关联性不大；适度规模化种植有利于降低生产成本；对农民种稻积极性产生负面影响最主要的三个因素为农田配套设施建设（如便道、灌溉等）滞后、缺乏青壮劳动力以及土地零碎且难以规模化；粮食补贴、保险等政策效应有待充分发挥等主要结论。同时,采用问卷调查的方式,分析大米消费偏好,得出重庆城镇居民对绿色、有机、安全等高品质大米认知情况影响着其对高端大米需求意愿;大米口感是影响重庆城镇居民大米消费的重要影响因素之一,其次是品牌、安全性、价格、产地等因素;重庆城镇居民的性别、年龄、教育程度、职业等因素对大米消费意愿的影响不显著,年均家庭可支配收入存在显著影响;重庆城镇居民对大米的偏好主要基于大米的本质功能,价格竞争对刺激城镇居民消费的优势越来越小等主要结论。

八、保障重庆粮食安全的建议。基于当前重庆保障粮食安全现状和存在问题,进一步提出加强生产主体培育,推进农业社会化服务;提高农民组织化程度,完善利益联结机制;提升精深加工能力,打造粮食循环经济;发挥涉农信贷作用,提供有效金融保障;创新农业保险模式,降低生产经营风险等可行建议。

保障粮食安全是一场没有终点的长征。重庆作为国家粮食安全战略的关键支点,需要以创新思维破解资源约束,以开放姿态融入全球市场,以系统观念统筹各方力量。本书是笔者从事"三农"工作以来关于粮食安全相关专题调研工作和研究成果的积累,希望它能够为广大学者开展后续研究提供参考。同时,本书围绕重庆耕地质量较差、优质品供给不足、种植成本高企、经营主体不强、农民种粮积极性不高等问题,提出了针对性强、操作性较好的措施建议,希望能为决策部门制定粮食安全相关政策提供一定参考。此外,本书还总结凝练了国内外以及重庆3个典型村庄发展经验,希望能为粮食安全区域保障提供借鉴。

由于关于粮食安全的研究是一项综合性的研究,本书对于粮食安全相关问题的研究还有待进一步深入和完善,敬请各位学者批评指正。

杜梦露

2025年3月

# 目录

## 第一章　导论
一、选题背景 …………………………………………………………002
二、研究目标和选题意义 ……………………………………………003
三、研究内容和技术路线 ……………………………………………005
四、主要研究方法和研究数据 ………………………………………008
五、研究的创新性 ……………………………………………………009

## 第二章　理论基础与文献综述
一、理论基础 …………………………………………………………012
二、文献综述 …………………………………………………………019
三、粮食安全相关概念 ………………………………………………025

## 第三章　全球粮食贸易形势对我国粮食安全的主要影响
一、全球粮食安全的发展趋势 ………………………………………028
二、全球粮食贸易形势对我国粮食安全的主要影响 ………………034
三、我国合理利用全球资源的必要性 ………………………………058

## 第四章 我国粮食安全形势对重庆粮食安全的主要影响

一、我国粮食生产总体情况 ·················062

二、全国粮食增产的主要因素 ·················064

三、当前国家粮食安全形势对重庆粮食安全的主要影响 ·················067

## 第五章 重庆粮食产销现状分析

一、重庆粮食生产情况 ·················072

二、重庆粮食消费情况 ·················078

三、粮食成本收益情况 ·················080

## 第六章 重庆在保障粮食安全中存在的问题

一、土地细碎化,耕地质量不高 ·················094

二、科技支撑能力较弱,优质品供给率低 ·················095

三、经营主体实力较弱,集约化程度较低 ·················096

四、粮食加工能力不足,产业链条不长 ·················096

五、种粮比较效益低,制度机制有待完善 ·················097

## 第七章 国内外粮食产业发展典型案例

一、日本保障粮食安全的经验启示 ·················100

二、我国典型省份保障粮食安全的经验启示 ·················109

三、重庆典型村庄发展粮食生产的经验启示 ·················112

## 第八章 重庆粮食产业发展实证分析

一、种粮效益分析 ·················120

二、消费偏好分析 ·················127

# 第九章 保障重庆粮食安全的建议

- 一、加强生产主体培育,推进农业社会化服务 ……………136
- 二、提高农民组织化程度,完善利益联结机制 ……………137
- 三、提升精深加工能力,打造粮食循环经济 ………………139
- 四、发挥涉农信贷作用,提供有效金融保障 ………………140
- 五、创新农业保险模式,降低生产经营风险 ………………142

**参考文献** ……………………………………………………144
**后　记** ……………………………………………………149

CHAPTER
1

第一章

导论

## 一、选题背景

当前,国际形势变幻莫测,全球经济下行压力增大,粮食安全受到极大威胁。自2022年2月俄乌冲突以来,俄乌两国作为全球重要的粮食出口国,粮食出口持续中断,许多国家开始寻找新的粮食进口渠道。2023年,全球总人口已达到80亿,联合国粮食与农业组织(Food and Agriculture Organization of the United Nations,FAO。简称"联合国粮农组织")、联合国难民署(United Nations Convention relating to the Status of Refugees)等多个国际组织和机构联合发布的《2024全球粮食危机报告》显示,2023年,全球59个国家和地区的约2.816亿人口面临严重的粮食安全问题。在面临世界百年未有之大变局的新形势下,我国千方百计保障粮食安全,实施"以我为主、立足国内、确保产能、适度进口、科技支撑"的国家粮食安全战略。2023年,我国粮食产量保持在1.3万亿斤以上,粮食播种面积11 896.9万公顷,在国际粮价持续波动的背景下,我国粮食价格总体保持稳定。

习近平总书记在新时代推动西部大开发座谈会上和在重庆考察时强调,要保障粮食和重要农产品稳定安全供给,持续推进高标准农田建设,落实大食物观。近年来,在中央政策的强力扶持下,在市委、市政府的坚强领导下,重庆始终把发展粮食生产、确保大宗农产品有效供给作为农业的根本任务,为经济社会大局稳定起到了基础性作用。重庆作为全国粮食产销平衡区和生态保护重点区域,近年来全市常年粮食播种面积保持在3000万亩左右,粮食总产量连续保持在1000万吨以上,2023年粮食播种面积达到3038.9万亩、粮食总产量达到1095.9万吨。值得注意的是,重庆3000万亩左右的粮食播种面积中,其中50亩以上的种粮大户2466户,面积仅有47.6万亩,占比1.59%,这意味着重庆依然以农民种粮为主。2023年,重庆粮食播种面积中谷物播种面积占粮食播种总面积的一半以上,水稻播种面积占谷物播种面积的一半以上,表明水稻是重庆重要的粮食作物之一。在大豆玉米带状复合种植技术推广和政策激励下,玉米、豆类比重有所上升。

因此,保障粮食安全必须把确保粮食供给作为首要任务,把提高粮食综合生产能力放在更加突出的位置,把"藏粮于地、藏粮于技"真正落实到位。持续提升粮食综合生产能力,探索出一条生产稳定、绿色优质、保障粮食安全的新路子,提高农民种粮积极性,扩大种粮面积,让农民能获利、多得利,是稳定粮食播种面积和产量的底线和迫切需求。

## 二、研究目标和选题意义

### (一)研究目标

本研究以水稻、玉米、小麦、大豆等代表性粮食作物为研究对象,从全球粮食安全发展趋势入手,分析粮食贸易变化的复杂情况对我国粮食安全的影响,以及我国合理利用国际粮食资源的必要性。同时,总结我国粮食生产、消费及贸易现状,梳理我国支持粮食安全的相关政策,进而分析国家粮食发展对重庆粮食安全的影响。在此基础上,提出重庆作为国家粮食产销平衡区,在新形势下需要采取哪些措施来保障粮食安全,为重庆积极融入全国统一大市场建设,主动融入和服务国家重大战略,在推动共建"一带一路"、长江经济带、西部陆海新通道联动发展中发挥更大作用提供参考。

### (二)选题意义

2024年中央一号文件(即《中共中央 国务院关于学习运用"千村示范、万村整治"工程经验有力有效推进乡村全面振兴的意见》)提出,确保国家粮食安全,要抓好粮食和重要农产品生产。扎实推进新一轮千亿斤粮食产能提升行动。稳定粮食播种面积,把粮食增产的重心放到大面积提高单产上。同时强调,树立大农业观、大食物观,多渠道拓展食物来源,探索构建大食物监测统计体系。因此,立足于重庆粮食产业发展实际,深入研究新形势下重庆保障粮食安全的路径与对策,是保障粮食安全的重要议题,具有重要现实意义。

**1. 重庆保障粮食安全的路径与对策研究是响应国家粮食安全战略需要的重点议题**

党的十八大以来,习近平总书记在考察调研时多次深入田间地头,对粮食安全问题发表了一系列重要论述,为加强新时代党对粮食安全工作的领导、确保国家粮食安全提供了根本遵循。重庆市委、市政府深入贯彻习近平总书记关于国家粮食安全的重要论述,坚决落实党中央、国务院决策部署,把保障粮食安全放在突出位置,全力保障粮食等重要农产品供给。在此背景下,重庆作为全国粮食产销平衡区和生态保护重点区域,必须立足于本地区水稻产业发展实际,因地制宜地建立与之相适应的土地流转机制、产业政策和农业服务体系,着力保障并优化粮食生产经营的各类生产要素的供给,提高粮食生产综合效益,充分激发种粮主体积极性,持续提高粮食安全保障能力。

**2. 重庆保障粮食安全的路径与对策研究是域内粮食产业发展的现实要求**

目前重庆粮食产业发展仍存在一些现实矛盾:

一是生产条件仍然薄弱。重庆大多数地区为丘陵山地,丘陵山地占到耕地面积的98%,单块耕地面积1亩以下的占比80%以上,农业机械化、规模化水平不高。

二是优质品供给略显不足。粮食全产业链建设相对滞后,主要为初级产品,产品附加值不高,优质粮食产品有效供给不足,仍不能完全适应消费升级的需求。

三是粮食经营主体发展不充分。以家庭农场为主的适度规模经营发展缓慢,部分农民合作社内部管理制度不健全,与农户的利益共享机制不健全。

四是品牌建设较为滞后。以稻谷产品为例,除人和大米、花田贡米等少数品牌,现有品牌总体而言品牌效应不显著,与五常大米、盘锦大米等享誉全国的大品牌相比,市场竞争力不强。

五是产业要素支撑有待加强。重庆粮食科技支撑总体比较薄弱,土地经营、产业融合等创新制度还不完善,粮食经营主体"融资难""融资贵"问题未得到根本解决,产业人力资本短缺。因此,有必要对上述问题进行深入研究,为保障重庆粮食安全奠定基础。

3.重庆保障粮食安全的路径与对策研究是重庆粮食产业高质量发展的重要内容

近年来,在中央政策强力扶持下,在市委、市政府的坚强领导下,重庆把发展粮食生产、确保大宗农产品有效供给作为农业的根本任务,为经济社会大局稳定起到了基础性作用。因此,笔者立足于重庆粮食产业发展现实,对重庆粮食生产的主体条件、生产关系、主体收益、利益联结机制等进行必要的调研和分析,提出务实、科学的建议,希望有助于促进新时代重庆粮食产业高质量发展。

## 三、研究内容和技术路线

### (一)研究内容

#### 1.粮食安全理论研究

梳理关于粮食安全的相关研究进展和理论成果,借鉴马克思的供给与需求理论、西方经济学的供给与需求理论、其他相关文献等研究成果,对粮食安全等与本研究紧密相关的重要概念进行界定。

#### 2.全球粮食贸易形势对我国粮食安全的主要影响

在分析世界粮食安全形势、特点及发展趋势的基础上,分析新形势下世界粮食贸易发生的主要变化及其对国家粮食安全的主要影响,并提出利用全球资源提高我国粮食安全的政策建议。

### 3.我国粮食安全形势对重庆粮食安全的主要影响

首先,分析我国粮食生产经营现状,分析近年来我国粮食生产、结构、布局等方面的发展情况。其次,分析全国粮食增产主要因素。同时,分析当前国家粮食安全形势对重庆粮食安全的主要影响。

### 4.重庆粮食产销现状分析

分析近年来重庆粮食产业发展基本情况,从重庆粮食生产情况、产销情况、成本收益情况等进行深入分析,全面了解和掌握重庆保障粮食安全的现状。

### 5.重庆在保障粮食安全中存在的问题

科学研判重庆在保障粮食安全中存在的问题以及痛点、难点,围绕耕地质量较差、优质品供给不足、种植成本高企、经营主体不强、农民种粮积极性不高等现实问题,开展客观、理性的分析,为下一步有针对性地创新和完善重庆粮食安全保障体系提供支撑。

### 6.国内外粮食产业发展典型案例

选取日本的粮食安全保障实践案例,分析日本在保障粮食安全方面的具体做法,及其带给我们的经验与启示。分析国内典型实践案例,选取粮食主产区代表省份(黑龙江)、粮食产销平衡区代表省份(山西省)、粮食主销区代表省份(福建省)的粮食安全保障实践案例,总结凝练其保障粮食安全的实践模式、运作机制等,形成可复制、可推广的有效路径。同时,对重庆典型村庄发展粮食生产的主要做法进行总结,得出经验启示。

### 7.重庆粮食产业实证分析

利用实地调查数据,采用相关统计模型,从种粮效益、消费偏好等角度开展实证分析,进一步明确未来重庆保障粮食安全的现实路径。

### 8.保障重庆粮食安全的建议

立足于重庆粮食产业发展现实,围绕丘陵山区粮食生产的主体条件、生产关系、主体收益、利益联结机制等方面，提出针对性优化建议，为保障重庆粮食安全提供智力支持和政策建议。

## (二)技术路线

本项目通过提出研究问题→文献查阅→构建研究框架→收集统计数据→开展实地调研→数据系统分析→拟定政策建议的步骤，对重庆保障粮食安全的路径与对策进行分析研究。对全球主要粮食品种生产贸易情况、粮食安全形势进行分析，为我国粮食安全保障提供宏观维度和战略视角；对我国粮食产销趋势变化进行分析，提出我国合理利用全球资源的必要性，为重庆粮食安全保障提供可靠路径；客观分析近年来重庆粮食产业发展现状及存在的主要问题，选择国内外典型粮食安全保障发展经验，剖析其在粮食产业发展中的创新模式、成功经验、主要做法等，梳理可复制、可推广的实践路径，为重庆粮食安全保障提供参考和借鉴；对重庆种粮效益、消费偏好进行实证分析，进一步提出重庆保障粮食安全的有效路径和具体措施，为市委、市政府及相关部门提供决策参考。

保障重庆粮食安全的技术路线如图1-1所示。

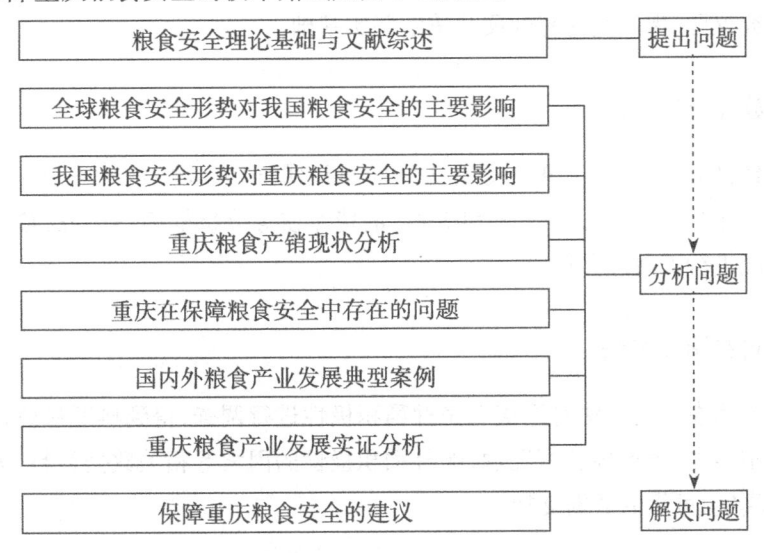

图1-1 技术路线

## 四、主要研究方法和研究数据

### (一)主要研究方法

1. 田野调查方法

笔者在研究过程中进行了深入的调查,获取了大量第一手数据资料。对巴南、南川、酉阳等水稻种植典型区县展开深入的调研工作,包括进行实地调研和召开现场座谈会,积累了丰富的田野调查资料。

2. 逻辑分析方法

本研究从全球粮食发展趋势入手,分析全球粮食安全形势对我国粮食安全的影响,同时全面分析我国粮食安全现状及其对重庆粮食安全的影响,进而客观梳理重庆近年来粮食产业发展概况,并从政府和市场关系的基本逻辑出发,提出研究议题,为研究内容的展开奠定坚实基础。

3. 数理分析方法

在经济分析过程中,采用数理方法定量说明某些问题,是经济分析中常用的方法。本研究建构了关于种粮效益、消费习惯等分析框架,对重庆粮食产业发展情况进行了数理分析。

4. 问卷调查方法

通过问卷调查方法对重庆农民种稻积极性进行调查,得到典型村庄种稻农民的基本信息、生产经营情况、影响种稻积极性的因素等相关数据资料,为研究提供了真实、可靠的数据支持。

5. 比较研究方法

笔者在研究过程中,提取了包括FAO数据库、统计年鉴、农业普查数据、调研数据和行业数据等多方面的数据,对全球粮食发展趋势、我国粮食生产现状、重庆典型村庄水稻生产经营情况等进行了比较分析,从而为重庆水稻产业发展提供新的思路。

## (二)研究数据

本文数据主要来源于FAO数据库、《中国农业年鉴》、《中国农村统计年鉴》、《全国农产品成本收益资料汇编》等,此外,还有有关部门、行业协会提供的数据,以及笔者通过问卷调查统计的数据。

## 五、研究的创新性

本文的创新性主要体现在以下几个方面:

一是研究视角的创新性。本研究立足于重庆保障粮食安全现状,对典型的丘陵山区实际开展研究,形成了涵盖政府、市场、社会协同共建粮食安全利益保障格局的思路,具有鲜明的区域性、创新性和实用性。

二是研究内容的创新性。本研究立足于粮食安全保障体系,通过对习近平总书记关于粮食安全的重要论述,提出粮食产业链、价值链、供应链"三链"协同,研究保障重庆粮食安全的体制机制与有效路径,为充分发挥政策效应提供理论支撑。

三是对策建议的创新性。研究内容丰富全面,围绕重庆耕地质量较差、优质品供给不足、种植成本高企、经营主体不强、种粮积极性不高等问题,提出了针对性强、操作性好的措施建议。

# 第二章

## 理论基础与文献综述

# 一、理论基础

## (一)习近平总书记关于粮食安全的重要论述

党的十八大以来,习近平总书记始终把粮食安全作为治国理政的头等大事,围绕国家粮食安全作出的一系列重要指示,立意高远,内涵深刻,指向明确,对于全方位夯实粮食安全工作,全面提升我国粮食综合生产能力,具有重要意义。

### 1.实施重大战略方面

习近平总书记强调,"粮食安全是国家安全的重要基础"[①];"综合考虑国内资源环境、粮食供求格局、国际市场贸易条件,必须实施以我为主、立足国内、确保产能、适度进口、科技支撑的国家安全战略。要依靠自己保口粮,集中国内资源保重点,做到谷物基本自给、口粮绝对安全,把饭碗牢牢端在自己手上"[②];"要进一步明确粮食安全的工作重点,合理配置资源,集中力量首先把最基本最重要的保住,确保谷物基本自给、口粮绝对安全。全党必须明确,保谷物、保口粮,决不能以为可以放松粮食生产了,仍然要坚持一刻也不放松,因为实现有质量的这'两保'并不是一件容易的事"[③];"要严守耕地红线,推动藏粮于地、藏粮于技战略加快落地,保护和提高粮食综合生产能力,防止粮食生产出现大的滑

---

① 中共中央党史和文献研究院.习近平关于国家粮食安全论述摘编[M].北京:中央文献出版社,2023:10.
② 中共中央党史和文献研究院.习近平关于国家粮食安全论述摘编[M].北京:中央文献出版社,2023:4.
③ 中共中央党史和文献研究院.习近平关于国家粮食安全论述摘编[M].北京:中央文献出版社,2023:9.

坡"①。习近平总书记的重要指示,深刻阐释了新时代新征程把牢粮食安全主动权的历史使命,具有重要意义。

### 2.保护种粮积极性方面

习近平总书记指出,"调动和保护好'两个积极性'。稳定发展粮食生产,一定要让农民种粮有利可图、让主产区抓粮有积极性。这方面,既要发挥市场机制作用,也要加强政府支持保护"②;"调动农民种粮积极性,关键是让农民种粮有钱挣";"要稳定和加强种粮农民补贴,提升收储调控能力,坚持完善最低收购价政策,扩大完全成本保险和收入保险范围"③;"要抓好粮食安全保障能力建设,加强农业基础设施建设,完善农业补贴和粮食价格形成机制,搞好粮食流通储备,鼓励发展家庭农场、专业大户、农民合作社等新型农业经营主体,健全主产区利益补偿机制"④;"要探索形成农业补贴同粮食生产挂钩机制,让多生产粮食者多得补贴,把有限资金真正用在刀刃上"⑤;"要按照市场定价、价补分离的原则,探索实行目标价格政策,完善粮食价格形成机制,逐步建立价格低时补生产者、价格高时补低收入消费者的机制"⑥。

习近平总书记的重要指示,深刻指出了健全种粮农民收益保障机制和主产区利益补偿机制的现实意义,为解决"谁来种地"、怎样实现农民增收和粮食增产同步发展提供了有效路径。

---

① 中共中央党史和文献研究院.习近平关于国家粮食安全论述摘编[M].北京:中央文献出版社,2023:11.
② 中共中央党史和文献研究院.习近平关于国家粮食安全论述摘编[M].北京:中央文献出版社,2023:57-58.
③ 中共中央党史和文献研究院.习近平关于国家粮食安全论述摘编[M].北京:中央文献出版社,2023:67-68.
④ 中共中央党史和文献研究院.习近平关于国家粮食安全论述摘编[M].北京:中央文献出版社,2023:57.
⑤ 中共中央党史和文献研究院.习近平关于国家粮食安全论述摘编[M].北京:中央文献出版社,2023:58-59.
⑥ 中共中央党史和文献研究院.习近平关于国家粮食安全论述摘编[M].北京:中央文献出版社,2023:59.

### 3.培育优良品种方面

习近平总书记强调,"要下决心把我国种业搞上去,抓紧培育具有自主知识产权的优良品种,从源头上保障国家粮食安全"[1];"要把种源安全提升到关系国家安全的战略高度,加强种质资源保护和利用,加强种子库建设"[2];"要拿出攻破'卡脖子'技术的干劲,明确方向和目标,加快实施农业生物育种重大科技项目,早日实现重要农产品的种源自主可控"[3];"要发挥我国制度优势,科学调配优势资源,推进种业领域国家重大创新平台建设,加强基础性前沿性研究,加强种质资源收集、保护和开发利用,加快生物育种产业化步伐"[4];"要深化农业科技体制改革,强化企业创新主体地位,健全品种审定和知识产权保护制度,以创新链建设为抓手推动我国种业高质量发展"[5]。

习近平总书记的重要指示,立足于国内实际,科学阐释了农业科技自立自强的必要性,种业自主可控的紧迫性,为我们如何在种业创新上选准突破口、把准大方向提供了根本遵循。

### 4.严格耕地保护方面

习近平总书记指出,"保障国家粮食安全的根本在耕地,耕地是粮食生产的命根子"[6];"要实行最严格的耕地保护制度,依法依规做好耕地占补平衡,规范有序推进农村土地流转,像保护大熊猫一样保护耕地"[7];"要采取更有力的措

---

[1] 中共中央党史和文献研究院.习近平关于国家粮食安全论述摘编[M].北京:中央文献出版社,2023:46.
[2] 中共中央党史和文献研究院.习近平关于国家粮食安全论述摘编[M].北京:中央文献出版社,2023:48.
[3] 中共中央党史和文献研究院.习近平关于国家粮食安全论述摘编[M].北京:中央文献出版社,2023:49.
[4] 中共中央党史和文献研究院.习近平关于国家粮食安全论述摘编[M].北京:中央文献出版社,2023:50.
[5] 中共中央党史和文献研究院.习近平关于国家粮食安全论述摘编[M].北京:中央文献出版社,2023:50-51.
[6] 中共中央党史和文献研究院.习近平关于国家粮食安全论述摘编[M].北京:中央文献出版社,2023:26.
[7] 中共中央党史和文献研究院.习近平关于国家粮食安全论述摘编[M].北京:中央文献出版社,2023:31.

施,加强对耕地占补平衡的监管,坚决防止耕地占补平衡中出现的补充数量不到位、补充质量不到位问题,坚决防止占多补少、占优补劣、占水田补旱地的现象"[1];"要加强农业面源污染治理,推动化肥、农药使用量零增长,提高农膜回收率,加快推进农作物秸秆和畜禽养殖废弃物全量资源化利用"[2];"要采取'长牙齿'的硬措施,全面压实各级地方党委和政府耕地保护责任"[3]。

习近平总书记的重要指示,为当前妥善处理好工业化、城镇化和农业现代化的关系指明了方向,为各地切实保护耕地、园地、菜地等农业空间提供了制度保障。

### 5.坚持大食物观方面

习近平总书记强调,"树立大农业观、大食物观,向耕地草原森林海洋、向植物动物微生物要热量、要蛋白,全方位多途径开发食物资源"[4];"要从更好满足人民美好生活需要出发,掌握人民群众食物结构变化趋势,在确保粮食供给的同时,保障肉类、蔬菜、水果、水产品等各类食物有效供给"[5];"要在稳定粮食生产、确保国家粮食安全基础上,发展现代畜牧业、园艺业、水产业,发展高附加值、高品质农产品,发展农产品加工和流通业,优化农业区域布局,推动一、二、三产业融合发展,提高农业整体素质和竞争力"[6];"要压实'米袋子'省长负责制、'菜篮子'市长负责制,加快恢复生猪生产,加强非洲猪瘟等动物疫病防控,做到保供稳价,务必尽早见效"[7]。

---

[1] 中共中央党史和文献研究院.习近平关于国家粮食安全论述摘编[M].北京:中央文献出版社,2023:31.

[2] 中共中央党史和文献研究院.习近平关于国家粮食安全论述摘编[M].北京:中央文献出版社,2023:33.

[3] 中共中央党史和文献研究院.习近平关于国家粮食安全论述摘编[M].北京:中央文献出版社,2023:38.

[4] 中共中央党史和文献研究院.习近平关于国家粮食安全论述摘编[M].北京:中央文献出版社,2023:83.

[5] 中共中央党史和文献研究院.习近平关于国家粮食安全论述摘编[M].北京:中央文献出版社,2023:87.

[6] 中共中央党史和文献研究院.习近平关于国家粮食安全论述摘编[M].北京:中央文献出版社,2023:80.

[7] 中共中央党史和文献研究院.习近平关于国家粮食安全论述摘编[M].北京:中央文献出版社,2023:85.

习近平总书记的重要指示,对粮食安全和其他重要农产品工作作出了明确的安排部署,充分反映出人民群众日益多元化的食物消费需求,为加快推进农业供给侧结构性改革注入了强大动力。

**6.杜绝粮食浪费方面**

习近平总书记强调,"保障粮食安全,要在增产和减损两端同时发力"[1];"要加大宣传引导力度,大力弘扬中华民族勤俭节约的优秀传统,大力宣传节约光荣、浪费可耻的思想观念,努力使厉行节约、反对浪费在全社会蔚然成风"[2];"要加强立法,强化监管,采取有效措施,建立长效机制,坚决制止餐饮浪费行为"[3];"不仅要制止'舌尖上的浪费',深入开展'光盘行动',还要提倡健康饮食"[4];"要树立节约减损就是增产的理念,推进全链条节约减损,健全常态化、长效化工作机制,每个环节都要有具体抓手,越是损失浪费严重的环节越要抓得实"[5];"要持续深化食物节约各项行动,强化刚性约束,加大工作力度,不弃微末、不舍寸功,尽快取得更大成效"[6]。

习近平总书记的重要指示,反映了杜绝粮食浪费的重要性,提出了节约减损就是增产的重要理念,指明了杜绝粮食浪费的关键举措。

---

[1] 中共中央党史和文献研究院.习近平关于国家粮食安全论述摘编[M].北京:中央文献出版社,2023:111.
[2] 中共中央党史和文献研究院.习近平关于国家粮食安全论述摘编[M].北京:中央文献出版社,2023:107.
[3] 中共中央党史和文献研究院.习近平关于国家粮食安全论述摘编[M].北京:中央文献出版社,2023:109.
[4] 中共中央党史和文献研究院.习近平关于国家粮食安全论述摘编[M].北京:中央文献出版社,2023:112.
[5] 中共中央党史和文献研究院.习近平关于国家粮食安全论述摘编[M].北京:中央文献出版社,2023:112.
[6] 中共中央党史和文献研究院.习近平关于国家粮食安全论述摘编[M].北京:中央文献出版社,2023:112.

## (二)供给需求理论

马克思认为,供给就是处在市场上的产品,或者能提供给市场的产品。[①]在短期内,市场价格的变化可能不会对供给产生直接影响,因为资本和劳动的投入是固定的;而在长期内,市场价格的变化会通过影响资本的流入流出,进而改变供给量。市场价格的变化虽然会影响供给,但这种变化并不意味着供给是由市场价格决定的。生产价格只是商品价值在竞争中表现出来的形式,因此不能脱离商品价值而仅根据市场价值或生产价格来说明供给。马克思指出,社会生产两大部类之间以及各部门之间的比例关系对供给具有重要影响。只有保持适当的比例关系,社会资本再生产和流通才能正常进行。此外,技术进步也是影响供给的重要因素。随着技术的不断进步,生产效率不断得到提高,单位时间内能够生产出更多的产品,从而增加供给量。马克思认为,需求等于同一种商品的买者或消费者(包括个人消费和生产消费)的总和。[②]他区分了消费需求和生产需求,并分别考察了二者的量的规定性,认为需求具有社会性,即个人只是作为社会总体的一个原子而起作用。基于此观点,笔者认为,粮食是人类生活的必需品,对粮食需求的分析要揭示人类需求的本质,当粮食价格下降或消费者收入提高时,人民的粮食需求将会增加。

## (三)均衡价格理论

西方经济学者在对供给需求经济学理论进行研究的过程中,以效用价值论作为重要基础,通过数学模型研究供给与需求决定均衡价格的过程,进而对二者之间的静态均衡进行分析。粮食供给与需求的均衡点形成了粮食市场价格,伴随着粮食供需形式的变化,其市场价格也会出现一定变化。马歇尔在其《经济学原理》中提出,当供求均衡时,可以把一个单位时间内生产的商品量叫作均衡产量,其售价可以叫作均衡价格。[③]以粮食商品为例,其供给和需求处于均衡

---

① 马克思.资本论(纪念版)第三卷[M].中共中央马克思恩格斯列宁斯大林著作编译局,编译.北京:人民出版社,2018:207.
② 马克思.资本论(纪念版)第三卷[M].中共中央马克思恩格斯列宁斯大林著作编译局,编译.北京:人民出版社,2018:215.
③ 马歇尔.经济学原理[M].章洞易,缩译.海口:南海出版公司,2007:179.

状态时,所形成的粮食价格就是均衡价格,粮食均衡价格由需求和供给曲线相交的交点决定,同时粮食价格与粮食供需相互作用。粮食价格影响供需,粮食供需也会影响价格,即:当粮食价格水平一定,粮食需求大于供给时,粮食价格会相应上升,粮食供给方将会持续扩大生产,增加供给;反之,当粮食需求小于供给时,则粮食价格则将会下降,粮食供给方会减少供给。

## (四)国际贸易理论

1776年,亚当·斯密在其代表作《国富论》中提出了绝对优势理论。该理论认为,一国相对于他国所拥有的优势,无论是先天的自然优势还是后天努力所获得的优势,都并不重要,只要一国拥有的优势他国没有,向优势国购买优势商品,有利于不具备优势一方。[1]1817年,大卫·李嘉图在《政治经济学及赋税原理》中提出了著名的比较优势理论。该理论认为,每个国家应立足自身比较优势合理开展生产,同时借助国际贸易手段以获取所需的粮食和其他商品,以优化资源配置,促进经济发展。比较优势理论有一个经典案例,假定葡萄牙和英国两个国家只生产布和酒,生产一单位布,葡萄牙需要投入四小时的劳动,而英国需要投入六小时;生产一单位的酒,葡萄牙需要两小时,而英国需要十二小时。从投入时间上看,对于生产同一商品,葡萄牙处于绝对优势,英国处于绝对劣势。而从国家层面看,葡萄牙生产酒相对于生产布更具比较优势,英国生产布相比生产酒更具有比较优势。鉴于此,那么各粮食生产国可以结合自身种植优势,着重生产本国具有优势的粮食品种,通过粮食贸易的方式,以优势粮食产品换取本国生产成本较高的粮食品种,从而提高全球粮食资源配置效率。

---

[1] 亚当·斯密.国富论[M].谢宗林,李华夏,译.3版.北京:中央编译出版社,2023:512.

## 二、文献综述

### (一)关于粮食安全内涵的研究

1974年,联合国粮农组织在世界粮食首脑会议上首次提出"粮食安全"的概念,粮食安全被定义为"保证任何人在任何地方都能得到为了生存和健康所需要的足够食品"。1983年,联合国粮农组织对这一定义作了修改,提出粮食安全的目标为"确保所有的人在任何时候既能买得到又能买得起所需要的基本食品"。1996年,第二次世界粮食首脑会议通过的《世界粮食安全罗马宣言》和《世界粮食首脑会议行动计划》,对世界粮食安全做了如下表述:"只有当所有人在任何时候都能够在物质上和经济上获得足够、安全和富有营养的粮食,来满足其积极和健康生活的膳食需要及食物喜好时,才实现了粮食安全。"目前,公认的是联合国粮农组织其后对粮食安全的定义,即"所有人在任何时候都能通过物质、社会和经济手段获得充足、安全和有营养的食物,满足膳食需要和食物偏好,过上积极和健康的生活"。胡岳岷和刘元胜指出,粮食安全是国家安全的重要组成部分,在不同的价值维度下,粮食安全的绩效不尽相同,随着农业不断发展,粮食安全不再局限于传统的数量安全维度,而是将数量安全、品质安全、生态安全与健康安全形成一个有机统一体。[1]王国敏和周庆元认为,粮食是人类生活最基本的必需品,粮食安全是保持国民经济平稳较快增长和社会稳定的重要基础。[2]宋洪远提出,粮食安全主要内容兼顾三个层面:在宏观(国家)层面,要保证一定的粮食自给率;在中观(城市)层面,要提高粮食的可及性;在微观(家庭)层面,要提高低收入群体粮食的可获得性。[3]王大为和蒋和平认为,粮食安全的内涵以及预期目标不是一成不变的,应随着经济社会发展,科技投入增

---

[1] 胡岳岷,刘元胜.中国粮食安全:价值维度与战略选择[J].经济学家,2013(5):50.
[2] 王国敏,周庆元.我国粮食综合生产能力影响因素的实证分析[J].四川大学学报(哲学社会科学版),2016(3):82.
[3] 宋洪远.实现粮食供求平衡 保障国家粮食安全[J].南京农业大学学报(社会科学版),2016,16(4):1.

加和创新进行动态调整。[1]黄季焜提出,口粮安全、饲料或畜产品安全是中国粮食安全以至食物安全的关键问题。[2]陈锡文提出,食物供给安全的概念和范畴应该比粮食安全更大一些,粮食安全是食物供给安全的基础,没有粮食安全肯定没有食物供给安全,但是只有粮食安全没有食物供给安全也是不够的。[3]徐振伟提出,在新的时代条件下,粮食安全的概念应该被重新定义,它不仅包含数量的安全,还应该包括生态环境的安全、食品的营养、质量安全、粮食主权安全等一系列新的内涵。[4]仇焕广等认为,粮食安全是保障食物安全的基础,食物安全是居民消费升级对粮食安全的必然拓展;能力安全是实现长期数量安全的关键,也是粮食安全的核心内涵;营养安全是粮食安全的更高要求,也是中国未来消费转变的必然趋势;粮食安全与生态安全之间在短期内存在权衡与取舍,而从长期看生态资源环境很大程度上决定了粮食生产可持续发展的能力。[5]辛良杰提出,粮食安全概念已发展成为包含4个维度、5个尺度的综合概念,宜采用"食物安全系统"词语表征。[6]

## (二)关于国际形势对我国粮食安全影响的研究

肖琴等认为,跨国农业企业凭借资本、技术、信息优势和丰富的市场运作经验,以大豆压榨为中心,逐步向上下游延伸,不断渗入国内大豆种植、收购、仓储、运输等环节,我国大豆全产业链受外资企业控制的风险加剧。[7]李显戈和周应恒利用copula模型刻画政策干预对国际粮价向国内传导的影响,试图分析这

---

[1] 王大为,蒋和平.基于农业供给侧结构改革下对我国粮食安全的若干思考[J].经济学家,2017(6):78-87.
[2] 黄季焜.国家粮食安全与种业创新[J].社会科学家,2021(8):26-30.
[3] 陈锡文.切实保障国家食物供给安全[J].农业经济问题,2021(6):4.
[4] 徐振伟.粮食安全的再定义[J].农村金融研究,2021(9):56-63.
[5] 仇焕广,雷馨圆,冷淦潇,等.新时期中国粮食安全的理论辨析[J].中国农村经济,2022(7):2.
[6] 辛良杰.粮食安全概念、评价体系与地理学优先研究主题[J].地理科学,2024,44(3):451.
[7] 肖琴,李建平,刘冬梅.转基因大豆冲击下的中国大豆产业发展对策[J].中国科技论坛,2015(6):137-141.

种政策干预是否达到预期的效果。[1]蒋和平提出,立足"国外粮食市场是补充"的原则,根据国内粮食生产情况,利用粮食配额和关税与非关税措施,合理调控各种粮食的进口量,对于我国产能强、库存大的粮食品种,要尽量少进口或不进口。[2]朱晶等认为,全球粮食市场的风险和不确定性显著增加,不仅会对中国粮食安全所面临的国际贸易环境造成负面影响,也会对国内粮食供需平衡保障与粮食支持保护政策体系改革带来前所未有的冲击和压力。[3]李先德等提出,面对农业污染、粮食损失与浪费、粮食供应链变化、气候变化等多重挑战,全球粮食安全形势在经历长时间持续改善后出现了逆转,2015年起不断恶化,如果不尽快采取行动,全球将难以实现到2030年消除饥饿的目标。[4]王新华和吴怡林认为,中美贸易战和新冠疫情的持续影响以及2022年的俄乌冲突,使我国粮食贸易格局所面临的国际环境愈发复杂,国际粮食供求呈现紧平衡状态,部分粮食贸易大国推出限制粮食出口的贸易政策,这对我国粮食安全产生了较大影响。[5]熊启泉和喻美辞认为,中国践行"确保谷物基本自给、口粮绝对安全"的新粮食安全观,遏制了谷物进口的过快增长,从而对稳定谷物国际贸易格局、维护世界粮食安全发挥了重要作用。[6]董梁等基于此前和今后一个时期全球谷物生产贸易情况,综合运用历史、实证等研究方法进行分析,认为我国粮食安全总体有保障,但也存在粮食供需紧平衡、国内外价格倒挂等困难和挑战。[7]

---

[1] 李显戈,周应恒.世界粮食危机期间国际粮价格向国内传导的分析[J].统计与决策,2015(18):148.

[2] 蒋和平.未来我国粮食安全应突出三大"有效"点[J].农村工作通讯,2018(19):56.

[3] 朱晶,臧星月,李天祥.新发展格局下中国粮食安全风险及其防范[J].中国农村经济,2021(9):2.

[4] 李先德,孙致陆,赵玉菡.全球粮食安全及其治理:发展进程、现实挑战和转型策略[J].中国农村经济,2022(6):2.

[5] 王新华,吴怡林.当前国际形势下我国粮食贸易格局变化趋势及粮食进口风险防范研究[J].农业经济,2023(1):117.

[6] 熊启泉,喻美辞.农产品国际贸易新格局形成中的中国因素[J].华南农业大学学报(社会科学版),2024,23(3):78.

[7] 董梁,许铁敏,徐广才.全球谷物供需格局和增产潜力及我国粮食安全策略研究[J].中国农业资源与区划,2024,45(10):80.

### (三)关于粮食安全的实证研究

李腾飞和亢霞审视和评估了2016年后五年间粮食安全的发展趋势,如粮食对外依存度有所上升,居民食品消费结构与需求发生了变化,品质和营养日益成为普遍的价值追求等。[1]王瑞峰等在对粮食及粮食进口安全内涵加以界定的基础上,从粮食数量、粮食质量、粮食价格、粮食贸易、国家经济、生态环境6个方面分析中国粮食进口安全的影响因素,基于超效率DEA模型构建中国粮食进口安全评价模型,对1992—2015年中国粮食进口安全状况进行定量评价,并建立了预警体系。[2]李昊儒等利用HP滤波法分析1978—2010年我国粮食产量波动特征,并采用灰色关联与层析分析相结合的综合评价法定量分析不同波动周期各影响因子对我国粮食产量波动的影响度。[3]胡迪和杨向阳从供求、价格、种植、进出口等四个层次全面分析疫情对粮食市场的影响,由此具体探讨后疫情时代国内粮食市场的特征。[4]刘林青和闫小斐基于时间指数随机图模型的实证结果得出以下结论:自组织机制中的扩张性、三元组闭合性、稳定性和关系嵌入机制中的互补性关系均促进了粮食贸易关系的形成,没有证据显示竞争性关系对粮食贸易关系有抑制作用,在一定程度上肯定了国际粮食贸易的正和博弈本质。[5]王瑞峰等以国家粮食安全新战略为理论框架,界定粮食安全保障能力内涵特征,构建粮食安全保障能力评价指标体系,基于2009—2019年黑龙江省相关统计数据测度粮食安全保障能力,并探究粮食安全保障能力提升的组态路径。[6]和聪贤基于贸易网络时空变化格局,考察和分析世界粮食贸易网络的演

---

[1] 李腾飞,亢霞.新常态下中国粮食安全的价值取向与保障体系分析[J].中国科技论坛,2016(8):130-136.
[2] 王瑞峰,李爽,姜宇博.中国粮食进口安全综合评价研究——基于超效率DEA模型[J].浙江农业学报,2018,30(3):489-497.
[3] 李昊儒,毛丽丽,梅旭荣,等.近30年来我国粮食产量波动影响因素分析[J].中国农业资源与区划,2018,39(10):1-10.
[4] 胡迪,杨向阳.后疫情时代保障粮食安全的政策取向与策略选择[J].农业经济问题,2021(1):41.
[5] 刘林青,闫小斐.国际粮食贸易网络多核集聚格局的形成机制研究[J].华中农业大学学报(社会科学版),2021(4):47.
[6] 王瑞峰,李爽,孔凡娜.粮食安全保障能力:内涵特征、指标测度与提升路径[J].四川农业大学学报,2022,40(3):301.

变规律,并在较宽时间尺度上展示中国粮食贸易的地位变迁,深入探究世界粮食贸易网络与粮食安全之间的影响机制,为系统把握保障粮食安全的国际大背景和寻找问题解决的关键点提供决策参考。[1]张友友等采用类比、纵向分析等方法,从粮食供需、价格等多角度对世界粮食问题进行了分析和安全评价。[2]郑骏川等综合运用熵值法、泰尔指数、ArcGIS、莫兰指数等方法,对中国粮食体系韧性总体水平、区域差异、时间演变、空间关联等特征进行了深入剖析。[3]

### (四)关于保障粮食安全的政策研究

吴海涛等从理论上推论了农业补贴对农户耕地利用行为、资本投入行为和劳动力配置行为的影响,认为虽然粮食直补、良种补贴和农资综合补贴均对农户粮食作物生产具有显著的正向激励作用,但三种补贴方式对农户生产激励的效果存在区别。[4]贾娟琪等认为,中国实施粮食价格支持政策,有助于减少国际粮食市场对国内市场的冲击,但同时也在一定程度上扭曲了国内粮食市场,提出国家在确保粮食安全的基础上,应充分发挥市场在价格发现和配置资源中的作用,尽快完善和改革我国粮食价格形成机制。[5]蒋和平等提出深化粮食生产供给侧结构性改革的五条路径:提升粮食生产资源利用效率;优化粮食生产区域布局;深化粮食价格形成机制改革;优化粮食产业价值链;提升粮食科技与装备支撑能力。[6]肖琼琪和王文涛提出我国要预测并提前宣布稻谷、小麦的收购

---

[1] 和聪贤.世界粮食贸易网络演变对中国粮食安全的影响研究[D].南昌:江西财经大学,2021.
[2] 张友友,李义振,杜玺玺.世界粮食供需、价格问题及安全评价分析[J].昆明理工大学学报(社会科学版),2023,23(1):104.
[3] 郑骏川,周世昕,李璨.中国粮食体系韧性测度、时空分异及推进路径——基于三大粮食功能区及四大经济区域的比较视角[J/OL].中国农业资源与区划,1-15[2024-07-27].http://kns.cnki.net/kcms/detail/11.3513.S.20240624.1422.002.html.
[4] 吴海涛,霍增辉,臧凯波.农业补贴对农户农业生产行为的影响分析——来自湖北农村的实证[J].华中农业大学学报(社会科学版),2015(5):25.
[5] 贾娟琪,李先德,王士海.中国粮食价格支持政策对国内外粮食价格溢出效应的影响研究——基于VEC-DCC-GARCH模型的分析[J].华中农业大学学报(社会科学版),2016(6):41.
[6] 蒋和平,杨东群,王晓君.新时代我国粮食安全导向的变革与政策调整建议[J].价格理论与实践,2018(12):34.

量并向农民发放销售配额,夯实生产者补贴通报为蓝箱补贴的条件,把生产者补贴部分转化为固定补贴,建立区际补贴公平机制和补贴合约等。[①]周静从完善顶层设计并明确粮食补贴政策的目标、构建符合WTO相关要求的新型粮食补贴政策体系、建立粮食主产区和产粮大县的利益补偿机制、保护粮食生产者利益并稳定政策调控预期等方面提出了优化粮食补贴政策的建议。[②]张明等提出了新时期粮食补贴政策的差异设计方案,包括试行粮食金融化分层补贴、构建粮食加工分类补贴、推行粮食主产区和主销区补贴政策的差异设计。[③]张斌认为,目前国际粮食价格飞涨,已大幅推升我国主要粮食进口成本,为更好地维护我国粮食市场稳定,需要密切监测全球粮食市场走势,加强保供稳价,筑牢安全生产根基,防患于未然。[④]罗光强和宋新宇试图构建国家粮食安全政策演化的理论逻辑,运用政策文本工具,系统检视我国粮食安全政策演化的结构特征与路径特征。[⑤]郭巧云认为,保障粮食安全不仅需要注重国内粮食产业结构的优化,提升粮食企业的国际竞争力,还要深入分析目前的进出口局势和国际贸易发展方向。[⑥]张哲晰等认为,需要从优化补贴政策、加快发展农业社会化服务、协调产业链主体关系、逐步健全主产区利益补偿机制、健全应急储备及市场调节机制等方面保障粮食安全。[⑦]唐琦等认为,新安全格局在保障新发展格局时需要内外兼修,以防范两个市场带来的交叉风险,尤其要注重增强具有主体地位的国内大循环,加强重点领域安全能力建设,完善社会治理强化循环韧性,

---

[①] 肖琼琪,王文涛.粮食补贴政策的中美比较、效应评价及我国补贴建议[J].湖南科技大学学报(社会科学版),2019,22(4):68.

[②] 周静.我国粮食补贴:政策演进、体系构成及优化路径[J].西北农林科技大学学报(社会科学版),2020,20(6):88.

[③] 张明,杨颖,邹小容.新时期中国粮食补贴政策的战略协同与差异设计[J].农业经济问题,2021(3):53.

[④] 张斌.全球粮食市场运行特征、潜在影响与政策启示[J].价格理论与实践,2023(1):36.

[⑤] 罗光强,宋新宇.中国式现代化粮食安全政策:演化逻辑、文本特征与转型路径[J].农林经济管理学报,2024,23(5):558-566.

[⑥] 郭巧云.健全对外开放背景下的国家粮食安全保障体系研究[J].农业经济,2024(2):121-123.

[⑦] 张哲晰,炎天尧,穆月英.健全粮食安全利益保障体系的机制设计与政策建议[J].西北农林科技大学学报(社会科学版),2024,24(2):12.

方能在复杂多变的国际形势下掌握历史主动、实现自立自强。①

### (五)研究述评

当前,学术界在粮食安全内涵、粮食安全形势、粮食安全政策等方面的研究已经取得了一些有价值的研究成果,但仍然存在需要进一步研究和完善之处。例如,在区域研究上更多的是以北方粮食主产省为主,所提出的保障粮食安全建议更加适合于平原地区,而对于西南丘陵山地的针对性、适用性不强。因此,笔者围绕重庆保障粮食安全这一核心问题,在分析国际和国家粮食安全发展趋势的基础上,聚焦重庆粮食生产主体条件、生产关系、利益联结机制等方面,展开深入研究,不仅结合了重庆的自然地理条件,更契合了重庆现代农业发展的主流趋势,希望有助于提高重庆粮食安全综合保障能力。

## 三、粮食安全相关概念

### (一)粮食和口粮

《现代汉语词典》给"粮食"下的定义是"供食用的谷物、豆类和薯类的统称"。《中华人民共和国粮食安全保障法》指出了"粮食"的外延:"本法所称粮食,是指小麦、稻谷、玉米、大豆、杂粮及其成品粮。杂粮包括谷子、高粱、大麦、荞麦、燕麦、青稞、绿豆、马铃薯、甘薯等。"

口粮是每个人日常生活所需要的粮食,在我国,口粮主要是指稻谷和小麦。口粮安全是粮食安全的重要组成部分,涉及生产、分配、消费等多个方面。保障口粮安全,旨在确保人们能够获得足够、安全、营养的食物,以满足日常饮食需求和促进健康生活。

---

① 唐琦,张辉,王桂军.以新安全格局保障新发展格局:基于统筹发展和安全视角的研究[J].政治经济学评论,2024,15(4):21-43.

## (二)粮食安全

联合国粮农组织先后对"粮食安全"有过三次定义。目前,国际上最广为认可的"粮食安全"的概念是"所有人在任何时候都能通过物质、社会和经济手段获得充足、安全和有营养的食物,满足膳食需要和食物偏好,过上积极和健康的生活"。

## (三)粮食安全战略

根据《中华人民共和国粮食安全保障法》的阐释,我国粮食安全战略是"以我为主、立足国内、确保产能、适度进口、科技支撑"。我国的粮食安全工作,就是坚持中国共产党的领导,贯彻总体国家安全观,统筹发展和安全,实施以我为主、立足国内、确保产能、适度进口、科技支撑的国家粮食安全战略,坚持藏粮于地、藏粮于技,提高粮食生产、储备、流通、加工能力,确保谷物基本自给、口粮绝对安全。

粮食安全的研究是一项综合性的研究,具有一定的复杂性,本文所述的粮食安全,主要指水稻、玉米、小麦、大豆等主要粮食品种。

# 第三章

# 全球粮食贸易形势对我国粮食安全的主要影响

在全球化发展趋势下,世界粮食安全与我国粮食安全联系更加紧密。得益于充足的粮食库存和完善的供应链体系,我国粮食安全保障尚未受到全球突发事件(如新冠疫情、地区冲突等)的较大影响,但值得注意的是,国际市场的不稳定性和国内粮食需求的增长,可能对我国中长期粮食安全带来一定的挑战。在国内外粮食安全形势的大背景下,充分把握当前我国粮食贸易面临的潜在风险,提出相关建议,对于全面夯实我国粮食安全基础,更好地应对国际粮食贸易格局变化具有重要意义。本章将在重点分析全球粮食生产、贸易情况的基础上,进一步分析世界粮食安全形势、特点及发展趋势。同时,分析在国际动荡形势影响下世界粮食贸易发生的主要变化及对我国粮食安全的主要影响,并提出利用全球资源提高我国粮食安全水平的政策建议。

# 一、全球粮食安全的发展趋势

## (一)全球粮食主要品种生产情况

### 1.稻谷产量呈现平稳上升趋势

稻谷是最重要的粮食作物之一,基本上全球各地区均有分布,主要分布在东亚、东南亚、南亚的季风气候区。2004—2022年,全球稻谷产量呈现平稳上升趋势,由2004年的6.08亿吨增长至2022年的7.76亿吨,增长了27.60%。其间,全球稻谷种植面积基本稳定在1.60亿公顷左右。

### 2.玉米产量呈现较快上升趋势

全球玉米主要生产国家有美国、中国、巴西等,美国生产世界2/5以上的玉米,是全球玉米种植面积最大、产量最高的产区。2004—2022年,全球玉米产量呈现较快上升趋势,由2004年的7.30亿吨增长至2022年的11.63亿吨,增长59.30%。全球玉米面积由2004年的1.48亿公顷增长至2022年的2.03亿公顷,增长37.16%。

### 3.小麦产量呈现波动上升趋势

小麦是全球播种面积最大、产量最多和分布最广的粮食作物,主要生产国家有中国、印度、俄罗斯等。2004—2022年,全球小麦产量呈现波动上升趋势,由2004年的6.35亿吨增长至2022年的8.08亿吨,增长27.24%。其间,全球小麦种植面积基本保持稳定。

### 4.大豆产量呈现大幅上升趋势

南美和北美是全球大豆的主产区和主要出口市场,其中巴西的大豆产量稳居全球各国之首,同时也是全球最大的大豆出口国。2004—2022年,全球大豆产量呈现大幅上升趋势,由2004年的2.06亿吨增长至2022年的3.49亿吨,增长69.42%。全球大豆面积由2004年的0.92亿公顷增长至2022年的1.34亿公顷,增长45.65%。

2004—2022年全球主要粮食品种产量及种植面积变化情况分别见图3-1,图3-2。

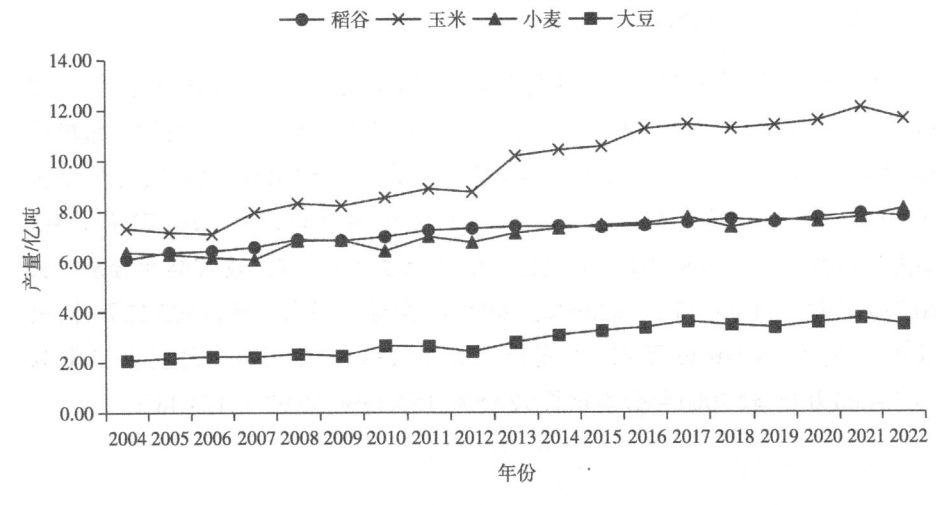

图3-1　2004—2022年全球主要粮食品种产量变化情况
数据来源:FAO数据库。

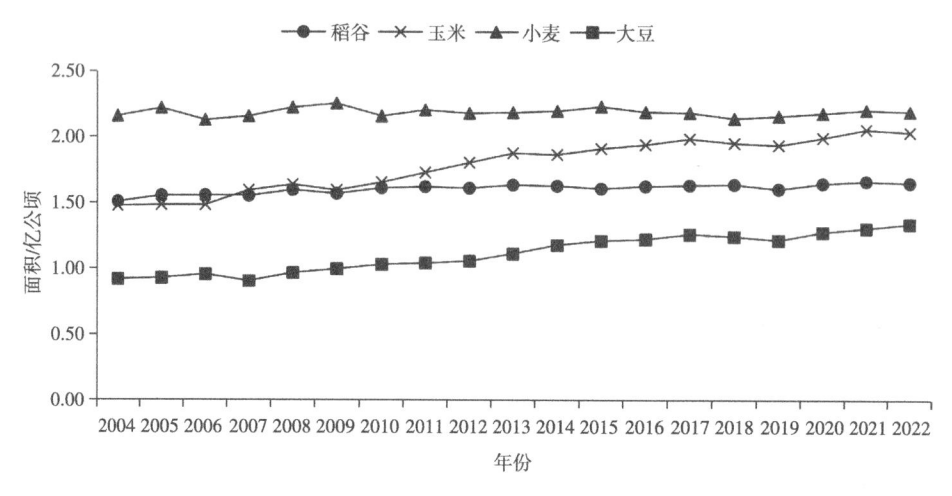

图 3-2  2004—2022年全球主要粮食品种种植面积变化情况
数据来源：FAO数据库。

## (二)全球粮食主要品种贸易情况

### 1.贸易量变化趋势

2004年以来，全球粮食主要品种贸易量均呈现上升趋势，其中，玉米、大豆贸易量的增长最大（如图3-3所示）。从贸易量看，2004—2022年，稻谷贸易量增长80.86%，玉米贸易量增长148.67%，小麦贸易量增长57.70%，大豆贸易量增长168.03%。2022年，全球稻谷进口量为318.82万吨，玉米进口量为20 177.72万吨，小麦进口量为18 479.82万吨，大豆进口量为15 341.42万吨，较2004年分别增长70.71%、144.01%、58.43%、162.65%。2022年，全球稻谷出口量为305.12万吨，玉米出口量为20 946.40万吨，小麦出口量为18 667.99万吨，大豆出口量为15 764.00万吨，较2004年分别增长92.85%、153.33%、56.97%、173.48%。

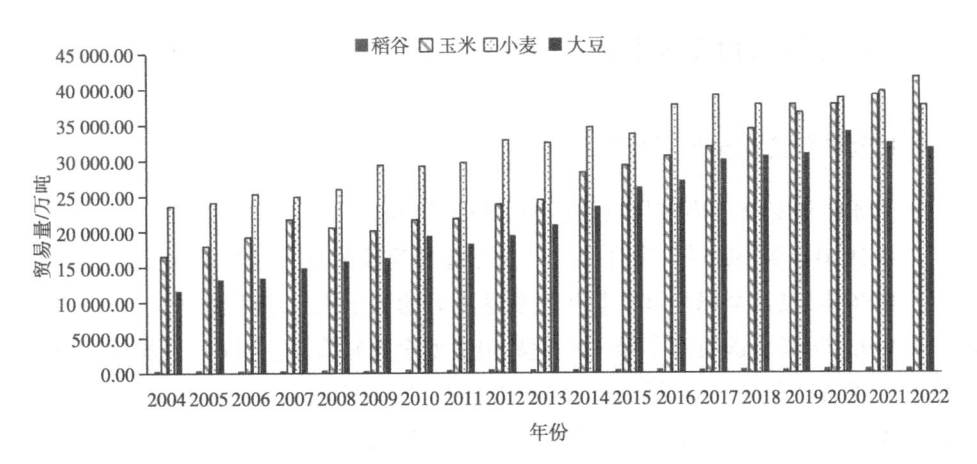

图3-3　2004—2022年世界主要粮食品种贸易量变化情况

数据来源：FAO数据库。

## 2.贸易额

2004年以来，全球粮食主要品种贸易额呈现先上升，后下降，再上升的波动趋势（如图3-4所示）。从贸易额看，2004—2022年，稻谷贸易额增长210.92%，玉米贸易量增长409.31%，小麦贸易量增长242.70%，大豆贸易量增长459.45%。2022年，全球稻谷进口额为159 960万美元，玉米进口额为7 084 590万美元，小麦进口额为7 408 461万美元，大豆进口额为10 273 621万美元，较2004年分别增长217.31%、383.47%、241.80%、424.59%；全球稻谷出口额为118 268万美元，玉米出口额为6 332 649万美元，小麦出口额为6 635 309万美元，大豆出口额为9 401 013万美元，较2004年分别增长202.68%、441.69%、243.72%、503.25%。

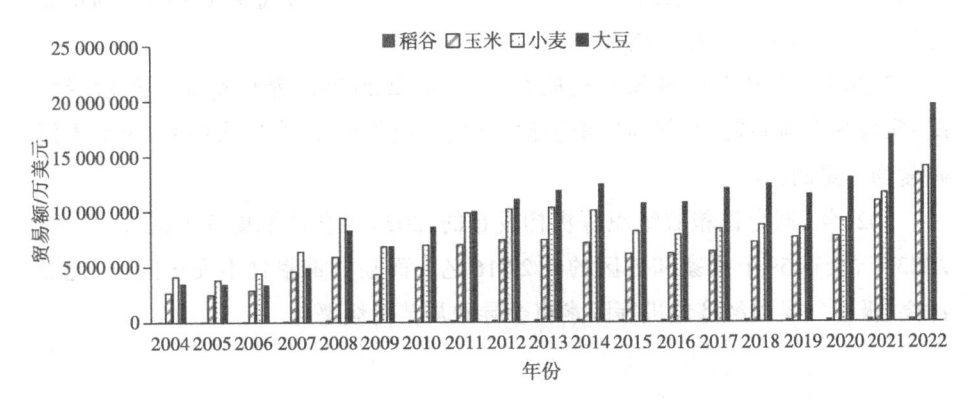

图3-4　2004—2022年世界主要粮食品种贸易额变化情况

数据来源：FAO数据库。

## (三)全球粮食安全形势

### 1.全球粮食安全形势变化

全球粮食安全形势变化主要经历了以下历程。

从1950年到1985年,全球粮食产量年增长速度超过人口增长速度。

1986年以后,全球粮食产量年增长速度开始低于人口增长速度。

1996年,联合国召开了第一次世界粮食安全首脑会议,会议发表的《世界粮食安全罗马宣言》称:全球低收入缺粮国有88个,面临粮食危机的国家有33个,正在挨饿的人口有8亿人,长期营养不良的儿童有2.5亿。

进入21世纪以后,世界粮价持续动荡,粮食安全进一步引起各国政府及联合国的高度关注。

2008年,世界粮食危机爆发,全球饥饿人口不断增加,这一年国际粮价暴涨了50%以上,由此诱发全球37个国家爆发粮食危机,有的国家甚至因粮价暴涨、食物短缺而引发区域骚乱。为此,联合国粮农组织召开"世界粮食安全高级别会议:气候变化和生物能源的挑战",寻求实现世界粮食安全的途径,商讨如何应对粮食危机的挑战。

2015年,饥饿现象呈上升之势,逆转了持续消除饥饿问题的希望。

2018年,联合国粮农组织、国际农业发展基金会、联合国儿童基金会、世界粮食计划署、世界卫生组织共同发布的《2018年世界粮食安全和营养状况:增强气候抵御能力,促进粮食安全和营养》报告显示,全球仍有8.2亿人面临饥饿。特别值得注意的是,科技进步正在将粮食增长推向极限,气候变化的不确定性对作物生产的影响也越来越大。

2020年,据联合国多家机构联合撰写的《2020年世界粮食安全和营养状况:实现粮食体系转型,保障经济型健康膳食》报告估计,全球大约有6.9亿人面临食物不足的困境。

2024年,联合国粮农组织等机构发布的《2024年全球粮食危机报告》显示,2023年,全球59个国家和地区的约2.816亿人面临严重粮食不安全问题,地缘冲突、极端气候和经济危机等因素将会导致局势持续恶化。

## 2.全球粮食安全问题的表现形式

全球粮食安全问题是指在全球化背景下,由于各种因素导致的粮食生产、分配、消费和利用等方面的问题,这些问题可能威胁到人类的生存和发展。全球粮食安全问题的表现形式多种多样,涉及生产、流通、分配等多个环节,严重影响着世界各国特别是发展中国家的社会稳定和经济发展。其主要表现形式有以下几个方面。

(1)粮食生产的波动性增大

全球极端天气事件如干旱、洪水和风暴频繁发生,对农作物生产造成严重损害。政治冲突和战争导致农业生产区域不稳定,影响粮食产出。全球经济增速放缓,减少了对农业的投资,影响了粮食生产。

(2)粮食分配不均

高收入国家和地区与低收入国家和地区之间的粮食获取能力差异显著。同一国内部,城乡、不同社会群体之间也存在粮食分配不均的问题。

(3)粮食价格波动

国际粮食市场金融化导致粮食价格受投机行为影响,价格波动加剧。各国贸易政策变动,如出口限制和关税等,对国际粮价也产生了影响。

(4)营养不良和饥饿问题

全球范围内,尤其是发展中国家,营养不良问题依然严重。全球仍有数亿人面临饥饿的威胁。

(5)粮食浪费严重

在餐饮和家庭消费中,大量食物被浪费。由于储存和运输条件不佳,粮食在流通过程中损耗严重。

(6)国际贸易壁垒

一些国家为保护本国农业,设置高额关税和进口限制,致使国际贸易摩擦增多,影响了粮食的跨国流通和稳定供应。

## 3.全球粮食安全的未来发展趋势

(1)未来全球粮食的供给与需求将处于总体平衡状态

从全球粮食需求情况看,在人口增长和经济增长的驱动下,未来全球粮食消费将持续增长。从全球粮食供给情况看,全球适合耕作的土地面积依然较为充沛,再加上技术进步和投资增长,全球粮食产量将与全球粮食需求保持同步增长。[①]因此,粮食供需总体平衡,未来全球粮食安全总体状况会有所改善。

(2)未来部分国家(地区)将面临严峻的粮食安全形势

根据联合国粮农组织对全球粮食贸易增长趋势的预测,撒哈拉以南非洲地区、南亚地区、东亚地区粮食需求会持续较快增长。但这些地区粮食产量增长总体较慢,供需缺口较大,粮食安全形势仍然严峻。未来发展中国家自给率将进一步下降,特别是非洲撒哈拉以南的地区、东亚地区粮食自给率状况会进一步恶化。同时,联合国粮农组织、国际农业发展基金会、联合国儿童基金会、世界粮食计划署、世界卫生组织共同发布的《2021年世界粮食安全和营养状况:实现粮食体系转型,保障粮食安全,改善营养,确保人人可负担健康膳食》中指出,全球饥饿人数将由2020年预计达到的峰值约7.68亿人缓慢下降至2023年的6.6亿人以下。

(3)未来全球粮食贸易格局将会发生巨大变化

随着全球化的推进,全球粮食贸易量快速增长,许多国家和地区都积极参与到粮食贸易中,粮食资源经过全球粮食贸易进行再分配。而全球粮食贸易会受到各种不同因素的影响,其贸易格局也会发生改变。例如在新冠疫情、地区冲突等多因素影响下,一些国家采取禁止或限制粮食出口等方式来保障自身粮食稳定供应,给全球粮食安全带来了一定挑战。

## 二、全球粮食贸易形势对我国粮食安全的主要影响

从目前来看,全球部分国家和地区发生的粮食危机未对我国粮食安全造成威胁,但如果出现全球粮食危机,那么在产出下降、物流停摆的情况下,我国将面临粮食供给严重短缺的巨大压力。清华大学中国农村研究院的张红宇指出,

---

① 金三林,柳岩,刘乃郗.全球粮食安全长期趋势对中国的影响及战略[J].发展研究,2018(12):4-5.

我国用世界10%的耕地资源、6%的水资源,养活了世界20%的人口,提供了25%以上的粮食和重要农产品产量。[①]同时,我国的耕地资源当前只能满足国内2/3的粮食和油料需求,即中国粮食和油料的自给率实际上只有2/3。从长远来看,我国只有2/3的自给率,1/3的进口意味着我国需要时刻关注国际粮食的生产和供给,以及国际粮食贸易,否则我国粮食安全可能出现较为严重的问题。[②]

## (一)我国粮食进出口贸易情况

### 1.贸易规模持续扩大

从贸易量看,2014—2023年,我国粮食进出口贸易量从2028.50万吨增长至6101.51万吨,增长200.79%(图3-5);从贸易额看,2014—2023年,由于粮食进口额显著增加,我国粮食进出口贸易额从682 101.13万美元增长至2 197 729.68万美元,增长222.20%,近三年保持在2 000 000万美元以上(图3-6)。

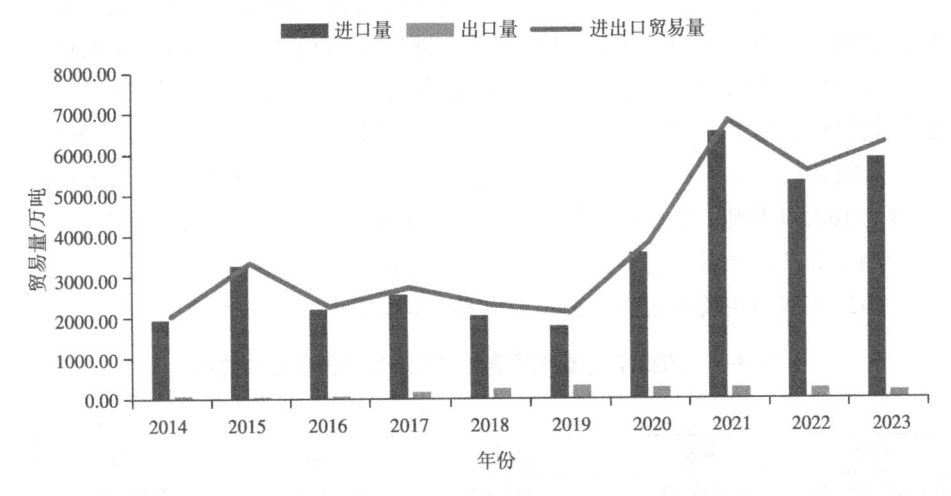

图3-5 2014—2023年我国粮食进出口贸易量变化趋势

数据来源:农业农村部官网。

---

[①] 张红宇.牢牢掌握粮食安全主动权[J].农业经济问题,2021(1):14.
[②] 曹宝明,唐丽霞,胡冰川,等.全球粮食危机与中国粮食安全[J].国际经济评论,2021(2):11.

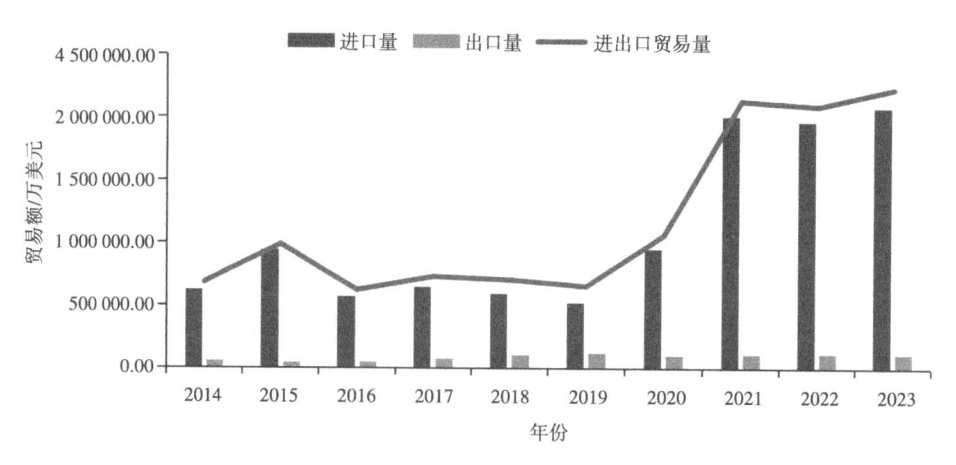

图 3-6　2014—2023 年我国粮食进出口贸易额变化趋势

数据来源：中华人民共和国农业农村部官网。

### 2.粮食贸易结构单一

从粮食进口结构看,我国粮食进口以大豆和玉米为主。海关总署相关数据显示,近三十年我国大豆进口的结构占比一直较大,2023 年,大豆进口量占主要粮食作物进口总量的 70.37%。2023 年玉米进口量 2712.95 万吨,占主要粮食作物进口总量的 19.20%;其次是小麦,进口量占主要粮食作物进口总量的 8.56%;由于我国稻米基本自给,稻米进口量较小,占主要粮食作物进口总量的 1.86%。

从粮食出口结构看,我国粮食出口量不大,以稻米出口为主,2023 年稻米出口量为 162.59 万吨,占主要粮食作物出口总量的 85.02%;其后依次是小麦、大豆、玉米,出口量分别占主要粮食作物出口总量的 10.72%、3.81%、0.45%。

2023 年我国主要粮食作物进出口贸易结构情况见表 3-1。

表 3-1　2023 年我国主要粮食作物进出口贸易结构情况

单位:万吨

| 类别 | 稻米 | 玉米 | 小麦 | 大豆 |
| --- | --- | --- | --- | --- |
| 进出口总量 | 425.82 | 2713.82 | 1230.39 | 9948.22 |
| 占比 | 2.97% | 18.95% | 8.59% | 69.48% |
| 出口量 | 162.59 | 0.86 | 20.5 | 7.29 |
| 占比 | 85.02% | 0.45% | 10.72% | 3.81% |
| 进口量 | 263.23 | 2712.95 | 1209.89 | 9940.92 |
| 占比 | 1.86% | 19.20% | 8.56% | 70.37% |

数据来源:海关总署、农业农村部网站。

**3.粮食贸易来源地集中**

从进口来源来看,2023年,我国稻谷的进口来源国主要是东南亚的泰国、越南、缅甸等国家,进口量占比达80%以上;小麦的主要进口来源国是澳大利亚、加拿大等国家,进口量占比达79%以上;玉米的主要进口来源国是巴西、美国、乌克兰等国家,进口量占比达92%以上;大豆的进口来源国主要是巴西、美国等国家,进口量占比达91%以上。

## (二)国际形势对粮食进口供给的影响

**1.国际粮食市场供给风险对我国粮食安全的影响**

(1)全球粮食产量提高面临制约因素

联合国粮农组织指出,当前世界粮食供给较为充足,预计2024至2025年全球主要粮食供给充足,但全球粮食供给仍然面临着土地资源、淡水资源分布不均等条件约束,以及相关国家和地区的农业科技创新转化能力欠缺、规模经营能力不足等问题。这些问题影响了农业技术和粮食产量的提高。综合来看,世界粮食供给潜力能够在未来基本满足粮食需求,但若受到疫情、战争、极端气候等因素的叠加影响,世界粮食安全仍将面临巨大挑战。

(2)国际形势对粮食进口供给带来潜在风险

自2020年以来,在疫情、局部地区冲突等事件影响下,粮食的战略地位越发重要,部分国家采取粮食出口限制措施来保障国家粮食安全。其间,主要的粮食生产国如哈萨克斯坦、越南、印度、泰国、俄罗斯等均陆续发布过粮食出口限制政策,部分国家后来取消了粮食出口限制,从其当时限制出口的粮食品种看,稻谷和小麦是限制出口粮食品种中的绝对主体,充分体现了稻谷、小麦的战略价值。总的来看,实施粮食出口限制的国家与我国贸易关联度相对较小,因而对我国粮食安全的影响也相对较小。

从我国稻米进口情况来看,2023年,我国稻米进口量263.23万吨,进口来源国主要包括越南、缅甸、泰国等,进口量分别为93.47万吨、54.10万吨、46.17万吨,分别占我国大米进口量的35.51%、20.55%、17.54%,三个国家占比之和为73.60%,进口量之和仅占当年我国稻谷总产量的0.94%。从小麦进口情况来看,2023年,我国小麦进口量为1209.89万吨,进口来源国主要包括澳大利亚、加拿大、美国等国家,其中,从澳大利亚和加拿大的进口量分别为693.90万吨、

254.83万吨,分别占我国小麦进口量的57.35%、21.06%,占比之和为78.41%,两国进口量之和占我国2023年小麦总产量的6.95%。

**2.国际粮价波动风险对我国粮食安全的影响**

(1)国际粮食价格波动会对我国粮食市场造成影响

外部冲击加剧了国内粮食价格波动(见图3-7)。近年来,受极端气候、新冠疫情、供给需求和化肥价格等因素影响,国际粮食市场价格波动明显。其中,大米价格波动最为剧烈,2023年全球大米价格持续上涨,大米价格达到近十年来最高水平,泰国、越南等国家大米价格均呈现上涨趋势。随着全球化的发展,我国粮食市场不断开放,粮食进口量不断增长,外资不断介入粮食产业链,我国粮食市场受到国际粮价波动的影响程度将会持续增大。同时,我国粮食市场仍存在市场体系不够健全、粮食交易市场分割、交易主体权责不明晰、期货交易品种不丰富、农业行业协会作用发挥不足,以及政府托市政策对价格传导的扭曲等问题,不利于中国灵活应对国际粮食市场价格风险。[①]

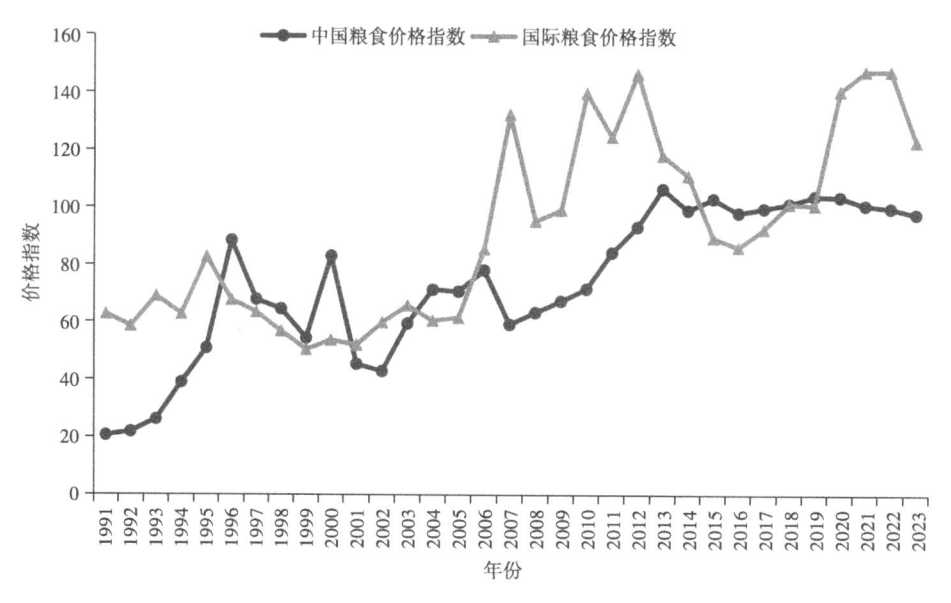

图3-7 1991—2023年国际和中国粮食价格指数变化趋势

数据来源:TRADING ECONOMICS,FAO数据库。

注:1.粮食价格指数由谷物价格指数(2014—2016年=100)代替;2.数据均为每年12月数值。

① 王锐,卢根平,陈倬,等.经贸环境不确定背景下中国粮食进口风险分析[J].世界农业,2020(5):52.

(2)国际粮食价格波动会影响我国社会经济的发展

粮食价格是食品类价格最重要的部分,其波动会直接影响消费者物价指数(CPI),影响居民对粮食的消费选择和质量要求,进而影响市场需求和供给结构。国际粮价波动可能导致农民种粮收益受损,影响其种粮积极性,长此以往,可能损害农业的基础地位,造成粮食危机。粮食价格波动通过成本推进型或需求拉上型方式影响下游食品加工行业及相关行业的生产成本和市场竞争力,粮食价格上涨使得以其为原料的行业生产成本上升,不利于这些行业参与市场竞争,还会导致成本推进型通货膨胀。

(3)国际粮食价格波动会加剧国内粮食金融化影响

随着粮食产业不断融入外汇、期货、期权及货币等市场,粮食的金融化属性越发突出。研究表明,粮食期货市场与金融市场具有较强的耦合性,期货市场对现货市场价格的影响显著,国际依存度越高的粮食产品,其价格受到金融因素的影响越大。[1]叶盛等认为,当粮食跨越其普通商品的自然属性,兼有金融产品投融资功能的金融属性后,粮食商品的交易对象、交易方式、价格机制、供求特征等都会发生明显的变化,在现实中常表现为,粮食的金融属性越强,粮食的期货交易规模越大,对粮食价格的影响也就越大。[2]

粮食的金融化实质上主要指的是粮食的美元化,它是在全球经济一体化背景下各个国家粮食产业被金融化的体现。美国长期超量发行美元以实行量化宽松政策,客观上造成美元长期贬值预期,制造了世界范围内的流动性泛滥,冲击了粮食市场,导致粮食价格出现剧烈波动。陈宇峰等从我国粮食安全角度分析认为,外部粮食价格上涨会让我国产生输入性通货膨胀,也会引发国家外汇储备量的波动,影响人民币汇率的中长期稳定性。投机性资金在国际粮食市场炒作,会造成国际期货市场上粮食期货价格的波动,国际粮食价格波动势必传导至国内,加剧国内粮食期货市场价格的不稳定性。此外,国际粮食价格的波动会对国内证券市场产生影响,国际粮食价格上涨导致证券市场预期发生改变,使得证券投资的不确定性加大。[3]根据联合国粮农组织的统计,全世界80%

---

[1] 叶盛,谢家智,涂先进.粮食金融化能够解释粮食价格波动之谜吗?[J].农村经济,2018(5):52.

[2] 叶盛,谢家智,涂先进.粮食金融化能够解释粮食价格波动之谜吗?[J].农村经济,2018(5):53.

[3] 陈宇峰,田珊.定价主导权争夺下的中国粮食安全[J].经济研究参考,2015(38):40.

的粮食交易量被四大粮商①控制,国际粮源控制权和定价权的集中化趋势将对我国粮食进出口贸易产生不利影响。

### 3.粮食进口来源集中对我国粮食安全带来的影响

得益于我国坚持"以我为主、立足国内、确保产能、适度进口、科技支撑"的粮食战略,目前外部粮食安全形势的变化未对我国粮食安全构成威胁,但随着粮食进口量的进一步增长,全球气候变化、地区冲突、突发事件等因素将会增加我国粮食进口的风险。

我国主要粮食品种进口来源相对集中,从2023年我国粮食进口前五大来源国的进口量占进口总量比例看,稻米为92.09%、小麦为97.17%、玉米为97.99%、大豆为99.46%。(见表3-2)虽然粮食进口来源国中,美国、加拿大、澳大利亚以及俄罗斯等国家的市场经济体制较为完善,其粮食出口主要受国际需求和国内供给因素影响,但也有突发情况,例如2018以来,受中美贸易摩擦影响,我国从美国进口小麦、玉米、大豆的数量急剧减少。②

表3-2  2023年中国粮食进口前五大主要来源国贸易情况

| 类别 | 国家 | 进口量/万吨 | 占我国不同品种进口量比例/% |
|---|---|---|---|
| 稻米 | 越南 | 93.47 | 35.51 |
| | 缅甸 | 54.10 | 20.55 |
| | 泰国 | 49.71 | 18.88 |
| | 印度 | 24.20 | 9.19 |
| | 柬埔寨 | 20.94 | 7.96 |
| 小麦 | 澳大利亚 | 693.90 | 57.35 |
| | 加拿大 | 254.83 | 21.06 |
| | 美国 | 92.57 | 7.65 |
| | 法国 | 82.45 | 6.82 |
| | 哈萨克斯坦 | 51.93 | 4.29 |
| 玉米 | 巴西 | 1280.61 | 47.20 |
| | 美国 | 714.42 | 26.33 |

---

① 四大粮商指美国ADM(Archer Daniels Midland)、美国邦吉(Bunge)、美国嘉吉(Cargill)、法国路易达孚(Louis Dreyfus).
② 安喜锋,何妮娜,苏振兴.后疫情时期我国粮食安全潜在风险与应对:基于粮食进口风险的分析[J].西部金融,2021(1):26.

续表

| 类别 | 国家 | 进口量/万吨 | 占我国不同品种进口量比例/% |
|---|---|---|---|
| 玉米 | 乌克兰 | 551.78 | 20.34 |
|  | 保加利亚 | 73.93 | 2.72 |
|  | 缅甸 | 38.13 | 1.40 |
| 大豆 | 巴西 | 6995.05 | 70.37 |
|  | 美国 | 2417.40 | 24.32 |
|  | 阿根廷 | 199.26 | 2.00 |
|  | 加拿大 | 146.59 | 1.47 |
|  | 俄罗斯 | 129.26 | 1.30 |

数据来源：中华人民共和国农业农村部官网。

**4.粮食进口的运输风险对我国粮食安全的影响**

近年来，由于新冠疫情、地区冲突等影响，全球粮食供应链和物流链面临着巨大的挑战。这不仅增加了我国粮食进口安全的风险，也对全球粮食市场的稳定产生了影响。例如，美国作为海上霸权国家，牢牢掌握着巴拿马运河、直布罗陀海峡、苏伊士运河、霍尔木兹海峡、曼德海峡、马六甲海峡等全球海上交通咽喉要道的控制权。在大国竞争加剧的情况下，这些要道可能会被用于地缘政治博弈，从而影响我国粮食进口运输安全。又如，由于俄乌冲突，黑海水域的航行安全受到了严重威胁。俄乌两国是欧洲和亚洲货物运输的重要通道，冲突不仅切断了途经乌克兰的黑海海运航线，也导致经过俄乌两国的航空和陆路运输大部分被叫停，国际海运巨头甚至停止接受途经俄乌的欧亚货运订单，造成大量货物运输堵塞和物流中断。[①]这虽然不是我国粮食运输直接面临的问题，但也显示出地区冲突对粮食运输通道的巨大破坏作用，类似的地区冲突若发生在我国粮食进口运输的关键线路上，将严重影响我国粮食进口运输安全。因此，我国未来需注意防范航运受阻而导致的产品到港时间与运输时限不确定等问题，同时必须持续增强对国际粮食供应链的管理能力，确保进口粮食买得起、买得到、运得回，从而真正保证我国粮食进口安全。

---

① 徐向梅,黄汉权,张茉楠,等.俄乌冲突对全球经济带来多重影响[J].中国经济评论,2022(5):42.

## 5.国际能源价格因素对我国粮食安全的影响

(1)国际原油价格

周金城和黄志天认为,粮食的生产、销售环节需要燃料、化肥、农药及相关产品的运输,这些环节都与石油价格相关,国际原油价格还会通过影响国际农产品价格,进而影响农产品进出口价格。[1]如图3-8所示,1991—2023年国际原油价格和国际粮食价格基本上呈现波动上升趋势。国际石油价格的变动,会导致农膜、农药和农业机械燃料等生产所需的原材料成本增加,从而对国内粮食价格产生影响。[2]同时,能源价格的变动也会对粮食运输成本产生影响。

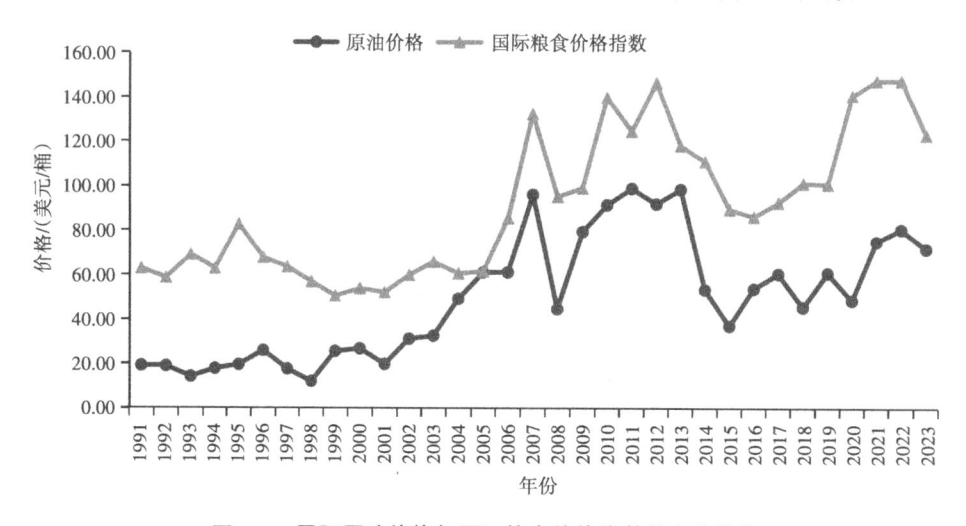

图3-8 国际原油价格与国际粮食价格指数的变化趋势

数据来源:TRADING ECONOMICS、FAO数据库。

注:1.粮食价格指数由谷物价格指数(2014—2016=100)代替;2.数据均为每年12月数值。

(2)生物燃料价格

生物燃料的发展,使得能源价格和粮食价格之间建立了直接的联系。由于石油和生物燃料之间的替代效应,随着石油价格上涨,生物燃料产量肯定会增加,其价格可能会上升。1982—2023年,国际玉米价格、生物乙醇价格、汽油价

---

[1] 周金城,黄志天.国际石油、生物燃料价格波动对我国粮食价格的影响[J].农业经济,2020(2):132.

[2] 花俊国,郑钊,张俊华.国际因素对国内粮食价格的冲击效应[J].世界农业,2020(9):90-91.

格的波动趋势,表明上述价格存在一定的共同变动趋势(见图3-9)。能源价格的上涨,使作为生物燃料主要原料的玉米等作物生产规模扩大,间接减少了其他作物的供给,从而抬高了其他农产品的价格。生物燃料产量的增加对粮食价格造成了积极的需求冲击,推动粮食价格上涨,同时,主要粮食出口国鼓励生物燃料发展的政策对粮食价格的上涨也起到了重要的推动作用。

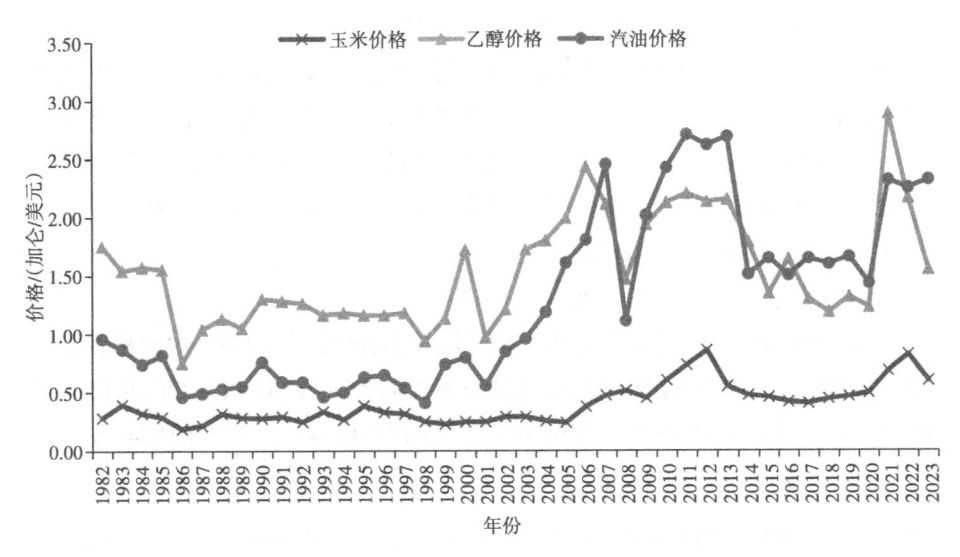

图3-9 国际生物乙醇价格、汽油价格、玉米价格的波动趋势
数据来源:美国农业部经济研究局(USDA ERS)网站。

### 6.粮食国际竞争力对我国粮食安全的影响

当前,国内外粮食价格倒挂,我国粮食竞争力不断下降。由于国内粮食生产成本高企,国外低价粮食开始进入我国粮食市场,因而国际粮价的"天花板"下压和我国粮食生产成本"地板"抬升的挤压效应明显。赵霞等认为,我国作为世界第一的粮食生产、消费以及进口大国,粮食产业国际竞争力提升是构建我国粮食安全保障体系的重要组成部分。[1]其中,粮食生产成本与收益是影响我国粮食国际竞争力的重要因素。

下面以中美三大谷物(稻谷、小麦、玉米)和大豆生产成本与收益为例,以《全国农产品成本收益资料汇编》2008年至2023年的数据为基础,借鉴汪希成

---

[1] 赵霞,陶亚萍,胡迪.粮食安全视角下我国粮食产业国际竞争力的提升路径[J].农业经济问题,2021(5):107-119.

等<sup>①</sup>的分析方式,对中美主要粮食作物进行系统分析。

在对中美三大谷物和大豆成本收益的比较中,对核算体系的相同指标予以保留,包括种子费、肥料费(中国的肥料费为化肥费、农家肥费之和)、农药费、燃料动力费、修理维护费、排灌费、固定资产折旧费、税金与保险金、管理费等。将美国项目中的固定资产投入费、一般农场开销(相当于管理费)纳入物质与服务费用中的间接费用。中国的人工费用成本包括家庭用工折价和雇工费,美国的人工费用成本包括雇工费和未付劳工的机会成本。未付劳工的机会成本主要是指农场主及其家庭成员的影子收入,相当于中国的家庭用工折价,因此将其纳入人工费用成本中。中国的土地费用成本包括土地流转租金和自营地折租,美国的土地费用成本则是土地的机会成本,相当于中国的自营地折租。

(1)中美粮食生产成本比较分析

①中美粮食生产成本变化趋势

中美稻谷每亩生产总成本总体上均呈增长趋势(见图3-10)。中国稻谷每亩生产总成本从2007年的555.16元/亩增长到2022年的1361.91元/亩,共增加了806.75元/亩,增长了145.32%。美国稻谷每亩生产总成本从2007年的924.75元/亩增长到2022年的1377.10元/亩,增长了452.35元/亩,增长了48.92%。

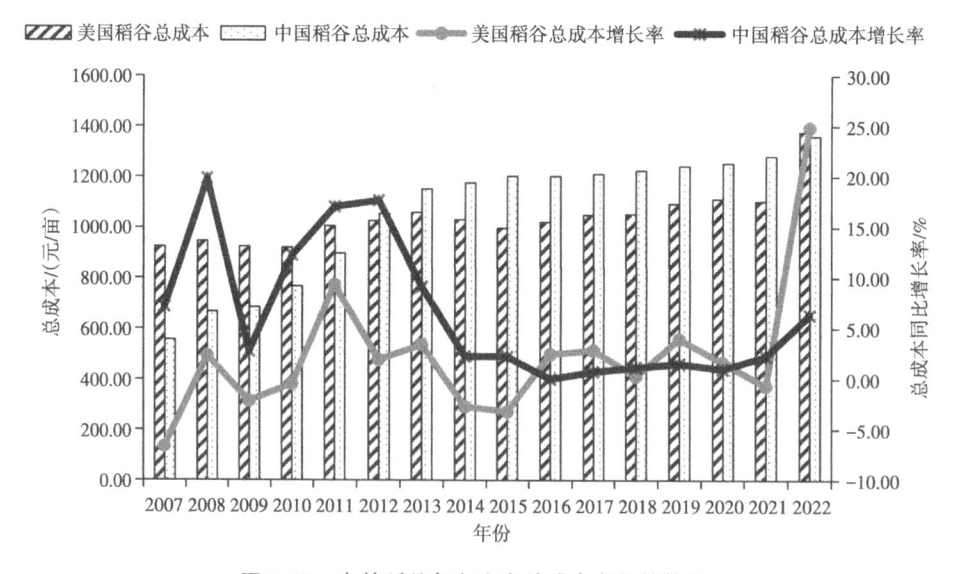

图3-10 中美稻谷每亩生产总成本变化趋势图

---

① 汪希成,谢冬梅,段莉.中美玉米生产成本与收益的比较分析[J].石河子大学学报(哲学社会科学版),2020,34(6):27-36.

中美小麦每亩生产总成本总体上均呈增长趋势(见图3-11)。中国小麦每亩生产总成本增长幅度较大,从2007年的438.61元/亩增长到2022年的1140.79元/亩,共增加了702.18元/亩,增长了160.09%。美国小麦每亩生产总成本相对稳定,从2007年的294.28元/亩增长到2022年的477.43元/亩,共增加了183.15元/亩,增长了62.24%。

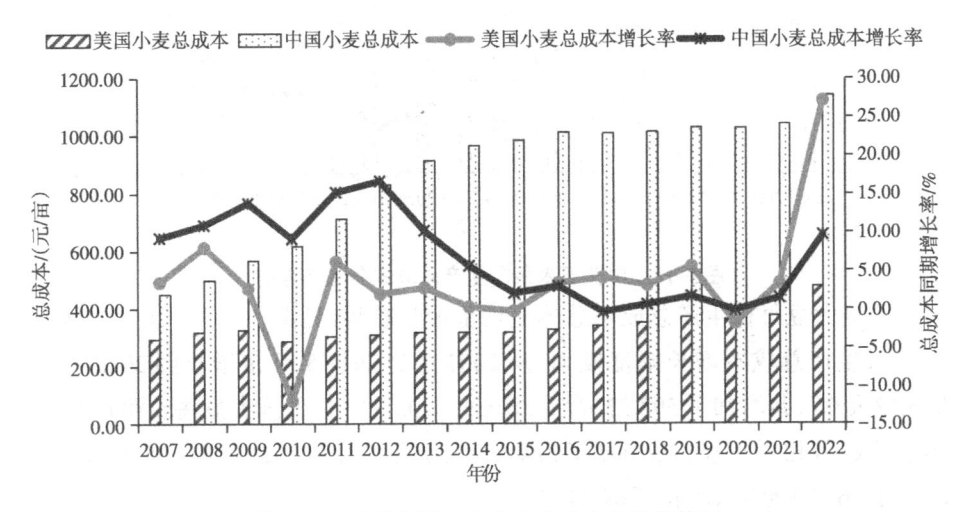

图3-11 中美小麦每亩生产总成本变化趋势图

中美玉米每亩生产总成本总体上均呈增长趋势(见图3-12)。其中,中国玉米每亩生产总成本增长幅度较大,从2007年的449.70元/亩增长到2022年的1256.84元/亩,共增加了807.14元/亩,增长了179.48%;美国玉米每亩生产总成本变化趋势相对平稳,从2007年的556.61元/亩增长到2022年的1008.95元/亩,共增加了452.34元/亩,增长了81.27%。

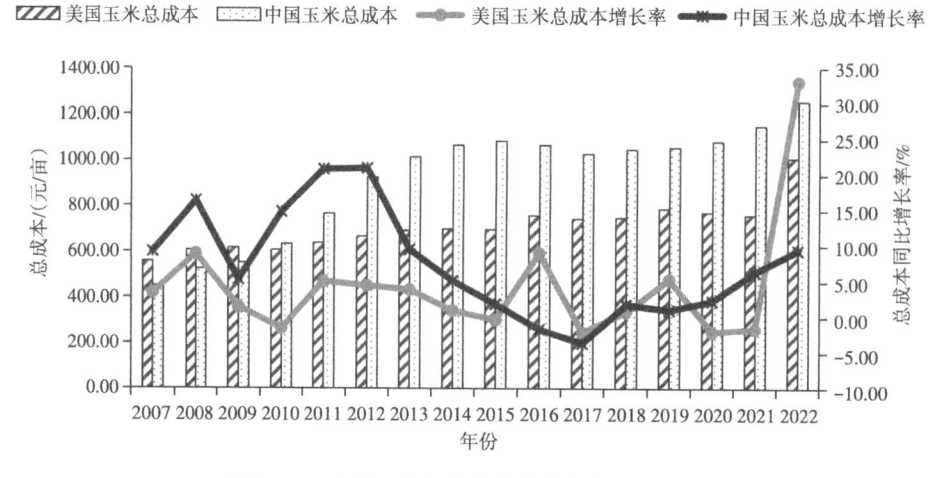

图 3-12 中美玉米每亩生产总成本变化趋势图

中美大豆每亩生产总成本总体上均呈增长趋势(见图3-13)。其中中国大豆每亩生产总成本增长幅度较大,从2007年的291.75元/亩增长到2022年的885.12元/亩,共增加了593.37元/亩,增长了203.38%。美国大豆每亩生产总成本变化趋势相对平稳,从2007年的419.22元/亩增长到2022年的688元/亩,共增加了268.78元/亩,增长了64.11%。

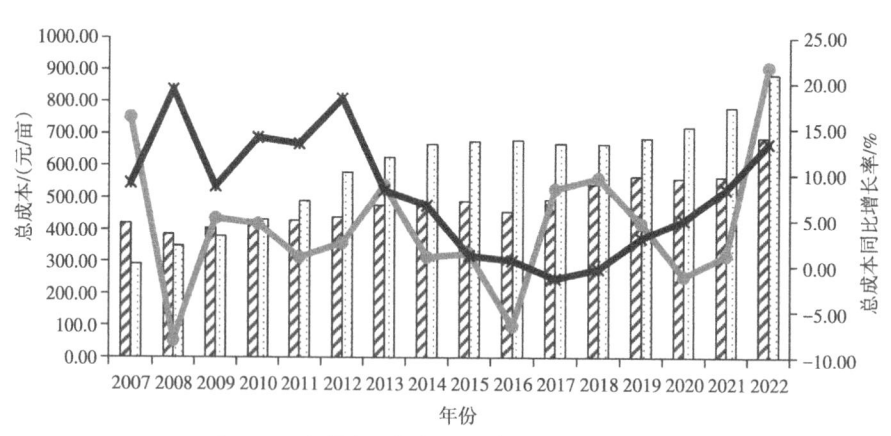

图 3-13 中美大豆每亩生产总成本变化趋势图

②中美粮食生产成本结构比较

中美两国稻谷生产成本结构差异较大。在每亩生产成本中,中国稻谷生产成本占比最大的是物质与服务费用成本,其次是人工费用成本、土地费用成本。

物质与服务费用成本占比与人工费用成本占比变化趋势呈负相关,成本占比变化较为平稳。(见图3-14)美国稻谷生产成本结构占比相对稳定,物质与服务费用成本占比最大,约占75%,人工费用成本占比远远低于中国,且占比相对稳定,约占10%,土地费用成本占比与中国接近,约占15%。(见图3-15)

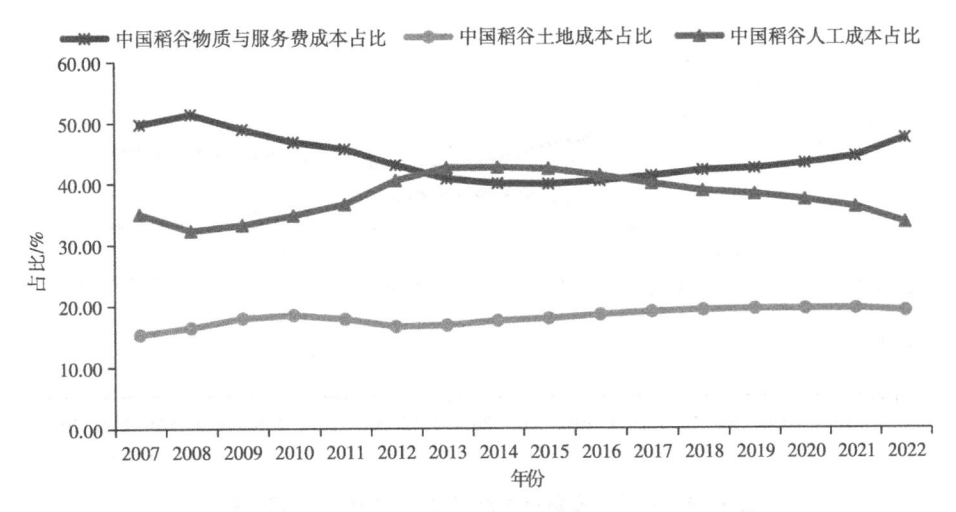

图3-14 中国稻谷每亩生产成本占比结构变化趋势图

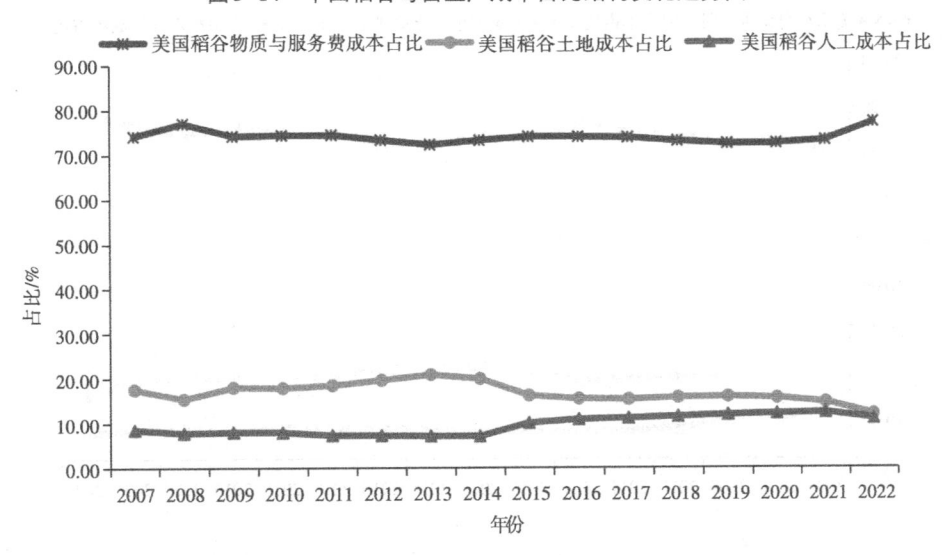

图3-15 美国稻谷每亩生产成本占比结构变化趋势图

中美两国小麦生产成本结构在人工费用成本占比方面差异较大。在每亩生产成本中,中国小麦人工费用成本占比在30%左右,而美国仅占7%左右。

2007—2022年,中国小麦生产的物质与服务费用成本和人工费用成本占比一直呈现反向变动趋势,土地费用成本占比呈现平稳上升趋势。美国小麦每亩生产成本结构占比中,物质与服务费用成本占比较大,占75%左右,其次是人工费用和土地成本,分别占比5%、18%左右。(见图3-16、图3-17)

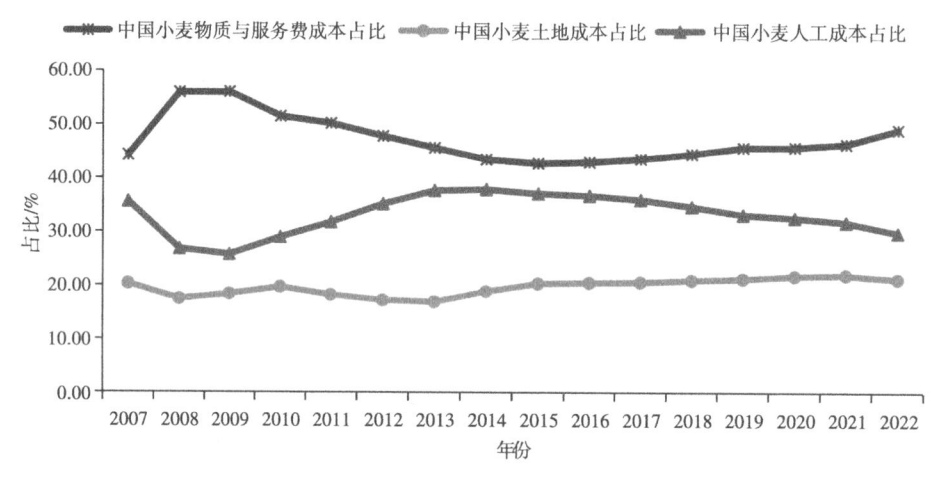

图3-16 中国小麦每亩生产成本占比结构变化趋势图

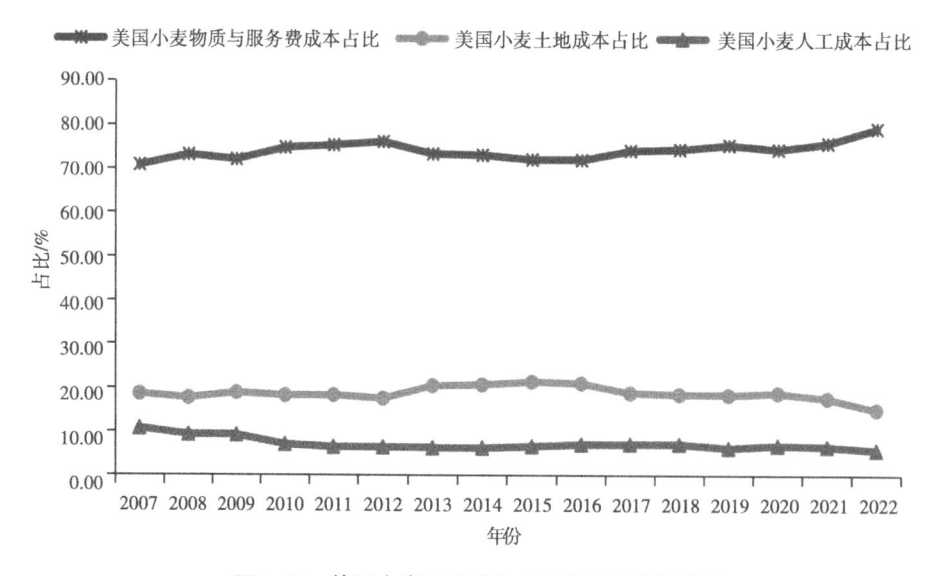

图3-17 美国小麦生产成本占比结构变化趋势图

中国玉米每亩生产成本总体结构同稻谷、小麦相同,2007—2022年,物质与服务费成本占比和人工费用成本占比的变化趋势呈现反向变动关系,土地费用成本保持平稳,占20%左右。(见图3-18)美国玉米生产成本结构中,人工费用成本远低于中国,保持在5%左右,物质与服务费用成本和土地费用成本占比分别保持在70%、25%左右。(见图3-19)

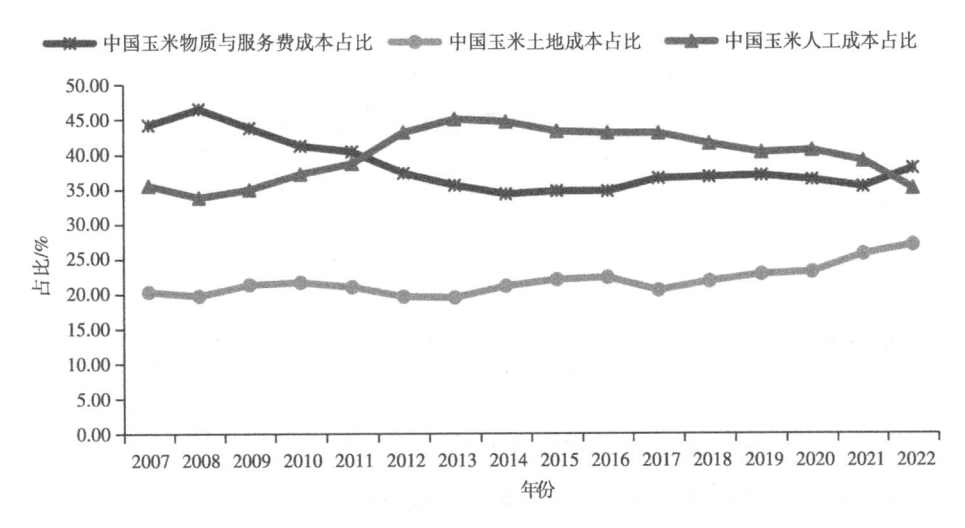

图3-18 中国玉米每亩生产成本占比结构变化趋势图

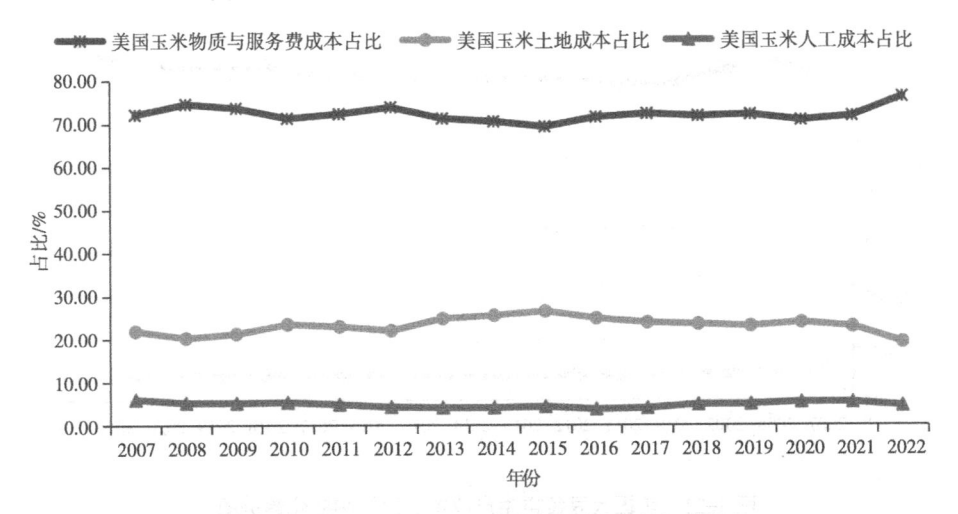

图3-19 美国玉米每亩生产成本占比结构变化趋势图

中国大豆生产成本结构与三大谷物相比略有不同,其物质与服务费成本、土地费用成本、人工费用成本占比相对比较平均,但同样其物质与服务费成本和人工费用成本占比变动呈现反向关系;土地成本占比从2007年到2022年始终呈现上升趋势。(见图3-20)美国大豆生产成本中,其人工费用成本占比仍然

较小,物质与服务费成本和人工费用成本占比变动呈现反向关系。(见图3-21)

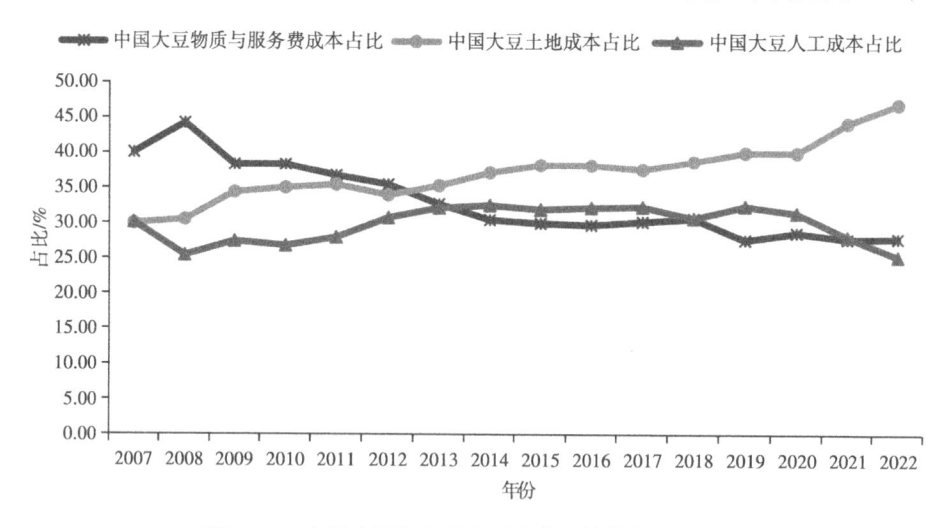

图3-20 中国大豆每亩生产成本占比结构变化趋势图

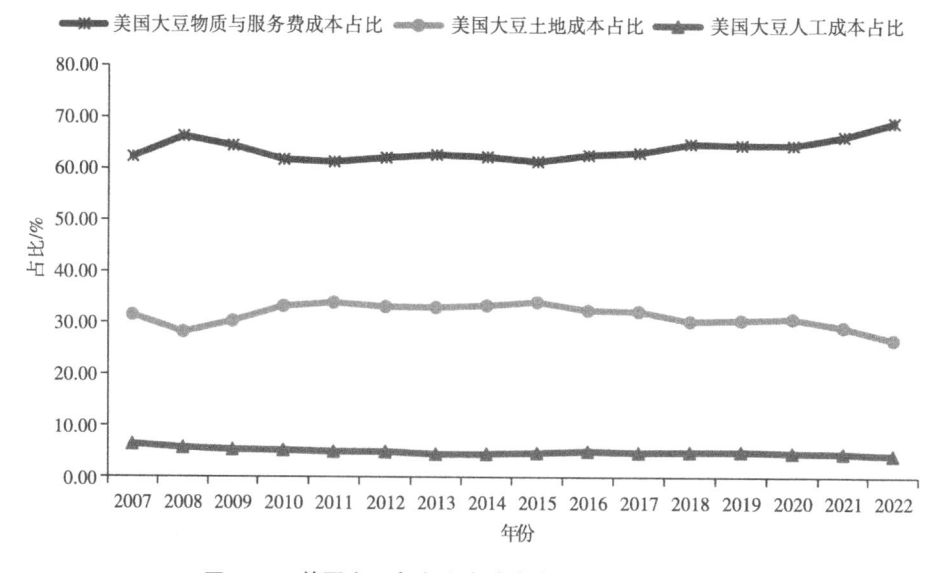

图3-21 美国大豆每亩生产成本占比结构变化趋势图

(2)中美粮食生产收益比较分析

①中美粮食生产的产值比较

2007—2022年,中国稻谷每亩产值受稻谷价格影响较大,呈现先增长后平稳的趋势。2022年,中国稻谷每亩产值为1339.24元,较2007年增加70.76%。

2007—2022年美国稻谷每亩产值随价格出现较大波动,2022年稻谷产值达到1738.19元/亩的最高点。(见图3-22)

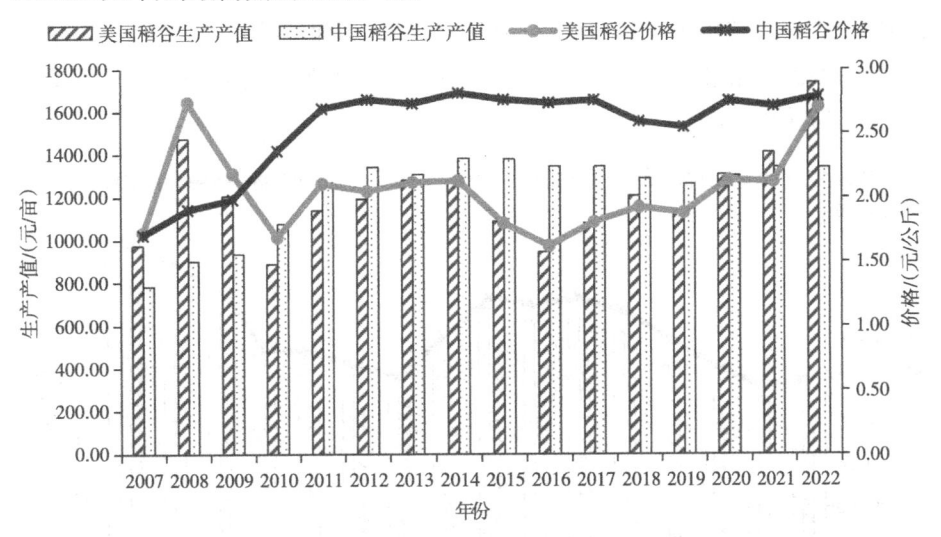

图3-22 中美稻谷生产产值和价格变化趋势图

2007—2022年,中国小麦每亩产值随着小麦价格波动而出现小幅波动,但总体呈现上升趋势。2022年,中国小麦每亩产值1566.71元,较2007年增长177.83%。2007—2022年美国小麦每亩产值因受到价格影响呈现波动趋势,但总体基本平稳,同期产值差距相对不大。总体来看,中国小麦每亩产值远远高于美国,产值差额约为3倍。(见图3-23)

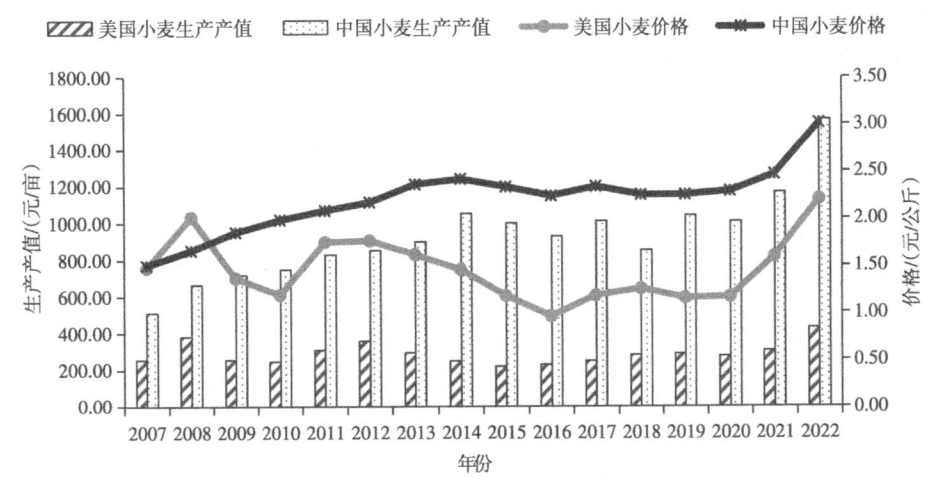

图3-23 中美小麦生产产值和价格变化趋势图

2007—2022年,中国玉米每亩产值在价格的影响下呈现先上升后下降的趋势。2022年,中国玉米产值达到1420.09元/亩,较2007年增长118.30%。2007—2022年,美国玉米每亩产值同样随价格波动而波动,2022年美国玉米产值达到1282.82元/亩,较2007年增长118.20%。总体来看,中国玉米每亩产值高于美国。(见图3-24)

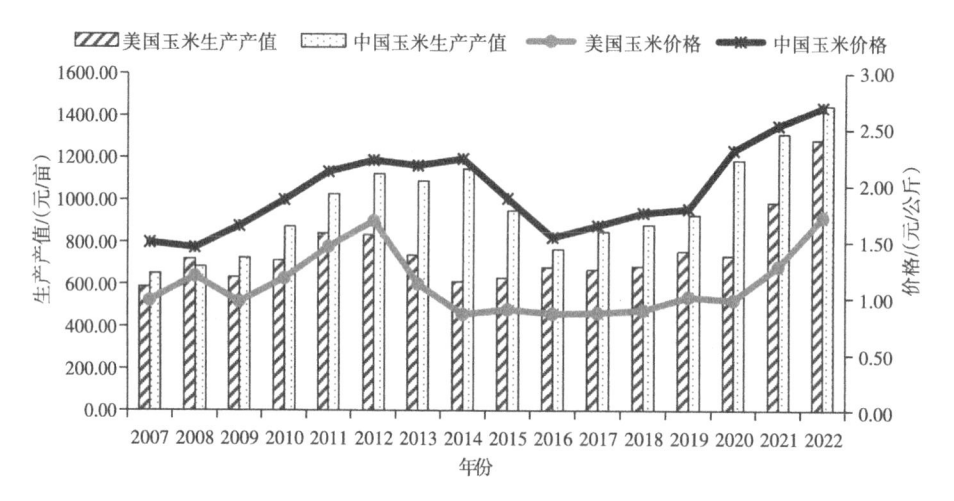

图3-24 中美玉米生产产值和价格变化趋势图

2007—2022年,中国大豆每亩产值与三大谷物一样,其每亩产值随价格变动而变动,呈现波动趋势,在2022年产值达到845.43元/亩,较2007年增长81.05%。2007—2022年,美国大豆每亩产值随价格出现较大波动,2022年,其大豆产值达到786.03元/亩,较2007年增长74.77%。总体来看,中国大豆每亩产值高于美国。(见图3-25)

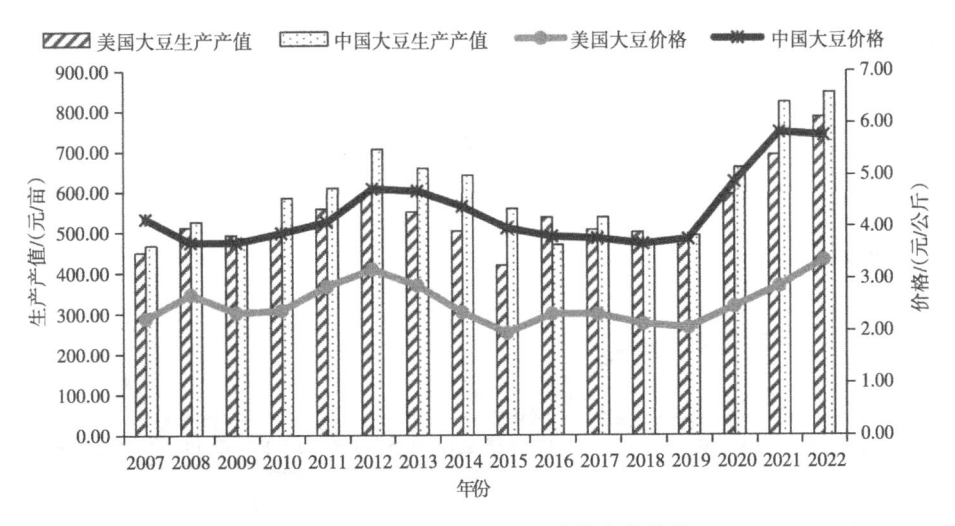

图 3-25 中美大豆生产产值和价格变化趋势图

②中美粮食生产的净利润比较

2007—2022年,中国稻谷净利润呈现缓慢下降趋势,平均净利润保持在166.56元/亩,稻谷净利润在2011年出现大的增幅后,在2022年出现负净利润。美国稻谷净利润总体高于中国稻谷净利润,但波动相对较大,且在2008年净利润达到最大值514.88元/亩,2010年、2011年和2016年出现负净利润。(见图3-26)

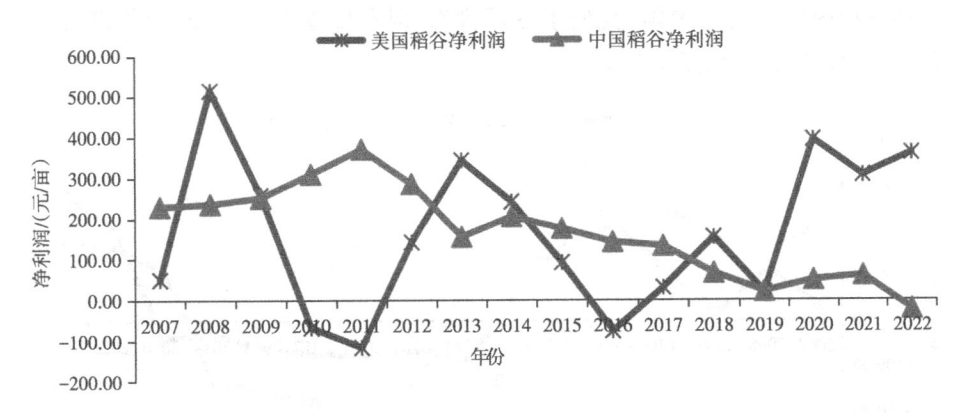

图 3-26 中美稻谷净利润变化趋势图

中国小麦每亩净利润总体不高,2007—2018年中国小麦净利润从125.30元/亩减少至-159.41元/亩,但从2019年开始出现正增长,2022年,小麦每亩净利润增长至425.92元。美国小麦每亩净利润波动较大,且总体呈现亏损状态,仅2008年、

2011年和2012年实现了收益,分别为64.61元/亩、3.08元/亩、48.80元/亩。(见图3-27)

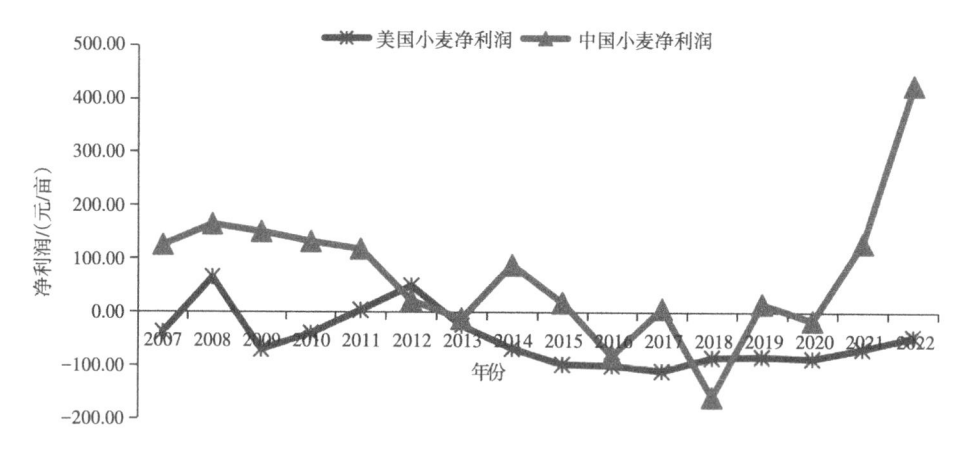

图3-27 中美小麦净利润变化趋势图

随着生产成本不断上升和价格波动,中国玉米净利润波动较大,特别是在2011年后快速下滑。2011—2016年,中国玉米净利润从263.09元/亩减少到-299.70元/亩,减少了213.92%。2017—2020年,随着价格的回升,玉米净利润有所增长,但仍处于亏损状态。2021开始,玉米净利润快速增长,到2022年达到163.25元/亩。总体来看,2007—2014年美国玉米每亩净利润低于中国,2015—2019年则高于中国,且处于亏损状态,但亏损逐年减少,2020年以后净利润实现正增长。(见图3-28)

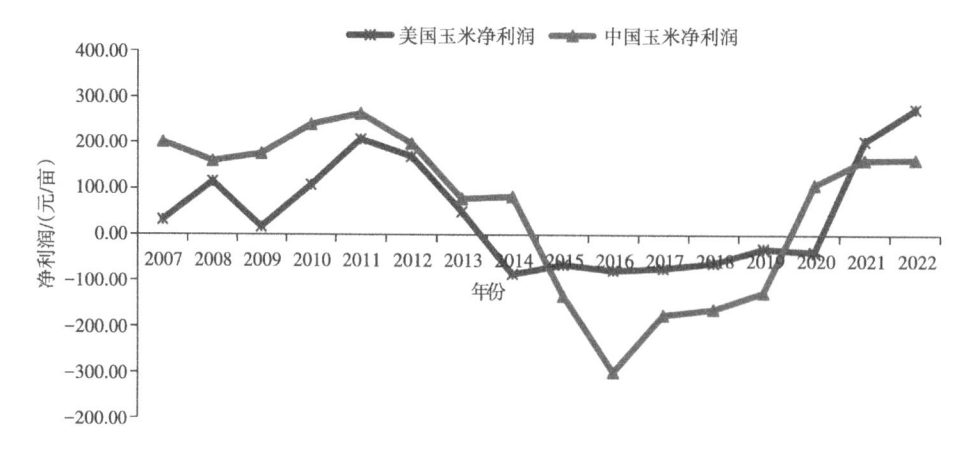

图3-28 中美玉米净利润变化趋势图

2007—2019年,中国大豆净利润呈现下降趋势,从2007年的175.21元/亩减少至2016年的-209.81元/亩,减少219.75%。2007—2014年中国每亩大豆均实现了收益,但从2015年开始一直处于亏损状态,直到2021年出现短暂收益。美国大豆每亩净利润波动较大,除2015年、2018年和2019年出现亏损外,总体实现收益。(见图3-29)

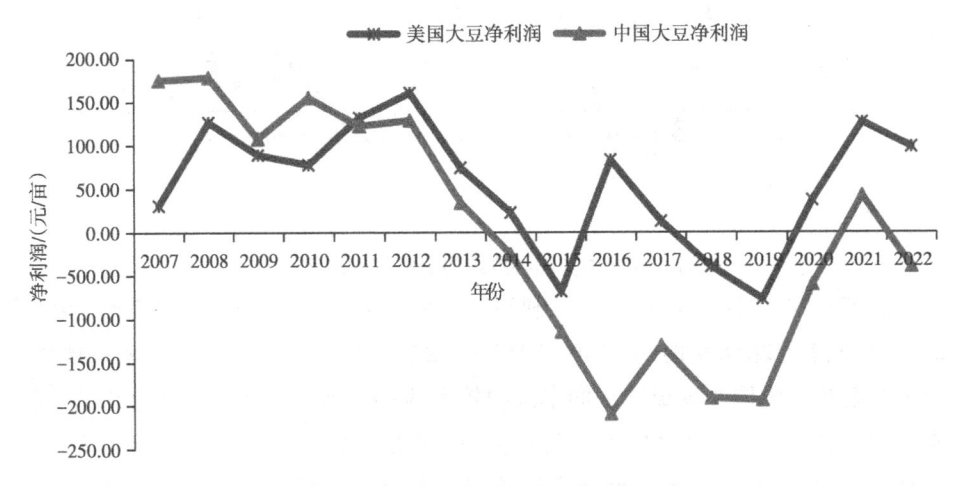

图3-29　中美大豆净利润变化趋势图

③中美粮食生产的成本利润率比较

2007—2022年中国稻谷成本利润率总体相对偏低,且呈现平稳下降趋势,从2007年的41.27%下降至2022年的-1.66%。美国稻谷成本利润率波动相对较大,2022年稻谷成本收益率为26.22%。总体来看,除了2010年和2016年美国稻谷成本利润率低于中国稻谷成本利润率外,其余年份均高于中国。(见图3-30)

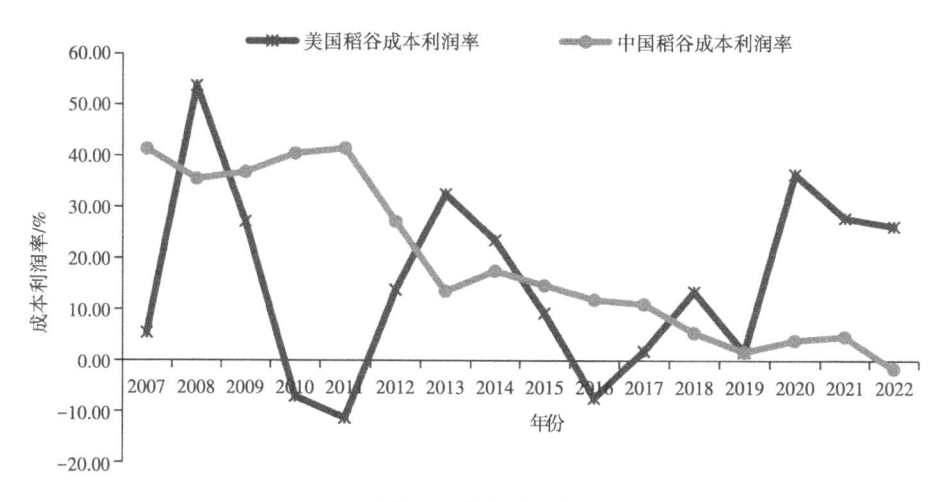

图 3-30 中美稻谷成本利润率变化趋势图

2007—2022年,中国小麦成本利润率呈现先下降再上升趋势,从2007年的28.57%下降至2018年的-15.74%;2019—2022年,中国小麦成本利润率呈现快速上升趋势。美国小麦成本利润率波动较大,除了2008年、2011年和2012年成本利润率为正值外,其余年份均为负值,说明美国小麦每亩的盈利能力较弱。总体来看,中国小麦成本利润率高于美国小麦成本利润率,每亩小麦的盈利能力强于美国。(见图3-31)

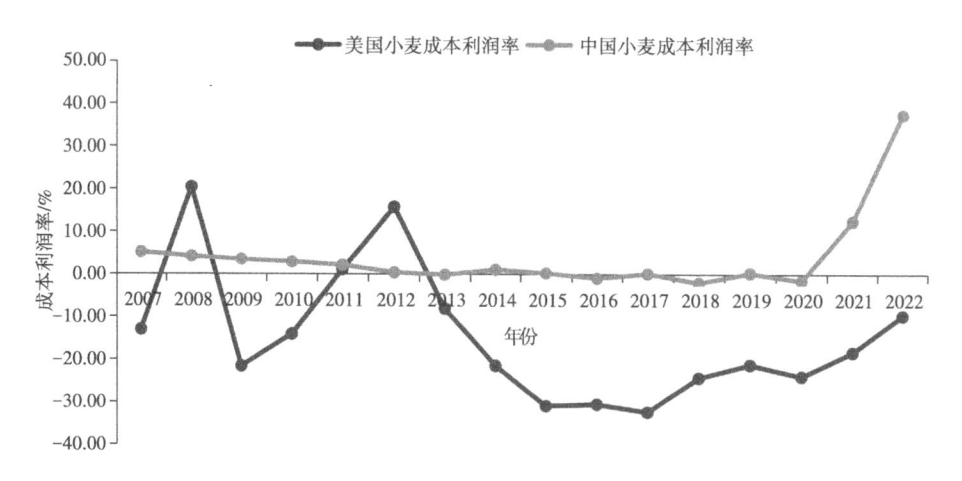

图 3-31 中美小麦成本利润率变化趋势图

2007—2016年,中国玉米成本利润率总体呈现下降趋势,从2007年的44.66%下降至2016年的-28.13%;2017年开始,中国玉米成本利润率逐年增长。美国玉米成本利润率呈现较大波动,2007—2011年美国玉米成本利润率均为正值且低于中国,而2015—2019年成本利润率均为负值且高于中国。总体来看,2020年以后,中美两国玉米成本净利润均为正值,说明中美两国玉米成本利润率受到价格影响,盈利能力不断增强。(见图3-32)

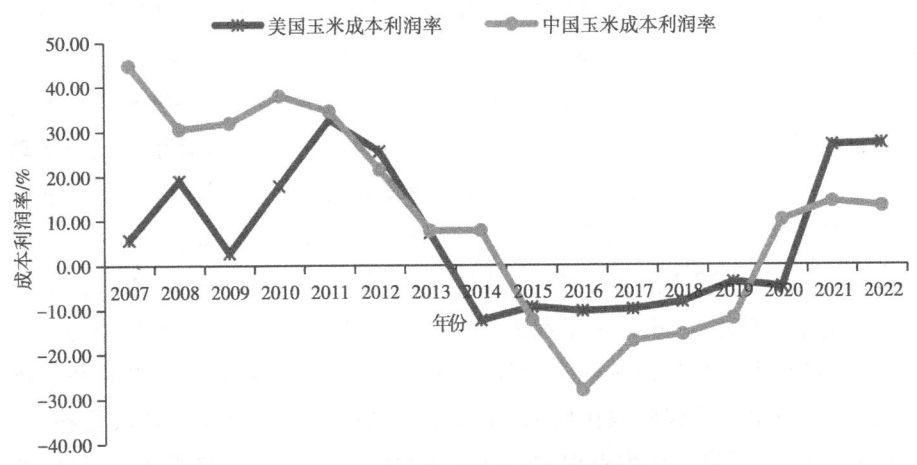

图3-32 中美玉米成本利润率变化趋势图

2007—2018年,中国大豆成本利润率呈现下降趋势,从2007年的60.05%下降至2018年的-28.82%,且从2014年开始为负值。美国大豆成本利润率呈现较大波动,2008年上升至32.82%,在2012年达到最大值36.64%后,快速下降至2015年的-14.07%。总体来看,美国大豆成本净利润高于中国,仅在2007—2010年低于中国,盈利能力较强。(见图3-33)

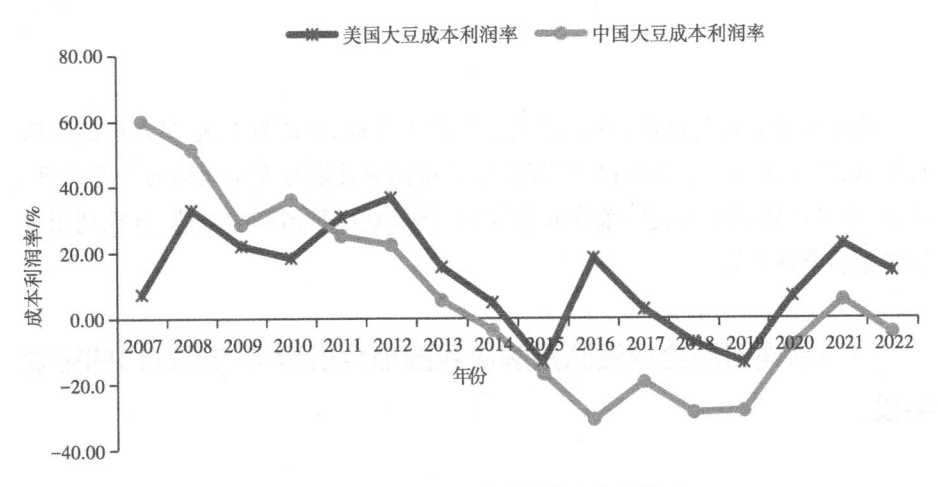

图3-33 中美大豆成本利润率变化趋势图

(3)小结

第一,中美主要粮食作物成本差距较大。中国三大谷物和大豆成本总体高于美国,特别是小麦成本,与美国的差距不断扩大。2007年,中国小麦总成本为438.61元/亩,美国小麦总成本294.28元/亩,仅相差144.33元/亩;2022年中国小麦总成本为1140.79元/亩,美国小麦总成本为477.43元/亩,相差663.36元/亩。

第二,中美主要粮食作物成本结构差异较大。在中国三大谷物和大豆的成本结构中,稻谷的物质与服务费成本和人工费用成本波动较大且呈现反向变动关系。中国三大谷物和大豆的生产成本快速增加的原因主要是人工成本、土地成本增长较快。美国三大谷物和大豆生产的成本结构基本保持稳定。

第三,美国种粮收益总体高于中国。由于中国种粮成本高企,以及粮食价格一直处于较低水平,中国玉米和大豆生产的总产值均经历了先增后降的变化趋势,玉米和大豆种植出现较大亏损。而美国长期实施强有力的农业补贴政策,支持农业生产并保障农民收入,美国农民的收入中有40%来自农业补贴。近年来,中国也不断加大农业保护和补贴的力度,但由于补贴依据不清、导向性不足、补贴结构不优等问题,导致政策效应未能充分发挥。

## 三、我国合理利用全球资源的必要性

粮食安全关系到经济、社会和政治等多个方面,解决好14亿多人口的吃饭问题,始终是我国最根本的民生问题,是关系国家发展与安全大局的头等大事。因此,为了更好地解决我国粮食安全问题,需要立足我国基本国情,合理利用全球资源和全球市场。

### (一)合理利用全球资源是解决我国粮食供需结构性缺口的重要手段

随着人民生活水平的不断提高,人民对美好生活的向往更加强烈,其膳食结构也发生了很大的变化。近年来,我国为了调剂品种余缺,不仅需要大量进口大豆,也需要进口一部分谷物。从目前来看,我国三大谷物供给相对充足,谷物进口仅是为了丰富消费品种,但仍然要提高战略粮食储备的总额,避免因突发事件造成国外的供给中断而陷入粮食危机。

## (二)合理利用全球资源是缓解我国农业资源和生态环境压力的有效途径

当前,我国粮食生产面临着巨大的压力,主要表现在耕地资源的减少使得人多地少的矛盾变得更加突出,以及生态环境的恶化影响了粮食生产的可持续发展等方面。特别是水资源的过度开发,化肥、农药施用量大幅增加,土地的过度开垦和过度耕种等原因,使得我国农业资源和生态环境的压力不断增大。因此,合理利用全球资源,适度进口粮食可在一定程度上缓解粮食生产对土地、水资源以及环境的压力。

## (三)合理利用全球资源是实现我国经济社会可持续发展的客观需要

近年来,随着城镇化进程的加快,我国耕地保护面临严峻形势。我国始终牢牢守住18亿亩耕地红线,坚决遏制耕地"非农化"、防止"非粮化",以确保国家粮食安全。然而,根据当前耕地数量与人口数量测算,我国人均耕地面积仅有1.36亩,为世界平均水平的40%,且耕地质量总体较差。因此,在保障口粮基本自给的前提下,适度进口其他粮食品种,合理利用全球资源以增加我国粮食多元化供应,有利于缓解当前城镇化发展与耕地保护之间的矛盾关系,全面保障我国粮食安全。

# 第四章

## 我国粮食安全形势对重庆粮食安全的主要影响

# 一、我国粮食生产总体情况

## (一)产量变化趋势

2004年我国粮食产量为46 947.0万吨,2022年达到68 652.8万吨,实现年丰年增,累计增产21 705.9万吨,增长46.2%。从粮食内部品种来看,2004—2022年,稻谷、小麦、玉米、豆类产量均呈现上升趋势,2022年,产量分别达到20 849.48万吨、13 772.34万吨、27 720.30万吨、2351.03万吨,较2004年分别增长16.42%、49.78%、112.76%、5.33%,薯类产量呈现下降趋势,减少16.31%。从粮食内部品种增产贡献率来看,玉米增产是实现粮食增产的主要因素,贡献率为67.69%;其次是小麦,对粮食增产的贡献率为21.09%;稻谷对粮食增产的贡献率为13.54%;其他谷物对粮食增产的贡献率为1.71%;豆类对粮食增产的贡献率为0.55%;薯类未实现产量增长,对粮食增产的贡献率为-2.67%。(见表4-1)

表4-1　2004—2022年全国各粮食作物产量变化及对粮食增产的贡献

| 种类 | 2022年 产量/万吨 | 占比/% | 2004年 产量/万吨 | 占比/% | 2004—2022年 增产量/万吨 | 2022年占比变化/百分点 | 增长率/% | 增产贡献率/% |
|---|---|---|---|---|---|---|---|---|
| 粮食 | 68 652.77 | 100.0 | 46 946.95 | 100.0 | 21 705.82 | 0.0 | 46.23 | 100.0 |
| 稻谷 | 20 849.48 | 30.37 | 17 908.76 | 38.15 | 2940.72 | -7.78 | 16.42 | 13.54 |
| 小麦 | 13 772.34 | 20.06 | 9195.18 | 19.59 | 4577.16 | 0.47 | 49.78 | 21.09 |
| 玉米 | 27 720.30 | 40.38 | 13 028.71 | 27.75 | 14 691.59 | 12.63 | 112.76 | 67.69 |
| 其他谷物 | 982.20 | 1.43 | 610.58 | 1.30 | 371.62 | 0.13 | 60.86 | 1.71 |
| 豆类 | 2351.03 | 3.42 | 2232.07 | 4.75 | 118.96 | -1.33 | 5.33 | 0.55 |
| 薯类 | 2977.39 | 4.34 | 3557.67 | 7.58 | -580.28 | -3.24 | -16.31 | -2.67 |

数据来源:《中国统计年鉴(2005)》,中华人民共和国农业农村部官网。

## (二)面积变化趋势

全国粮食播种面积从2004年的10 160.6万公顷增加至2022年的11 833.2万公顷,增加1672.6万公顷,增长16.5%。其中最为突出的是玉米,从2004年的2544.6万公顷增加至2022年的4307.0万公顷,增加1762.4万公顷,增长69.3%。2022年,稻谷、小麦播种面积较2004年也有所增加,分别增加107.1万公顷、189.2万公顷,分别增长3.8%、8.7%。而其他谷物、豆类、薯类的播种面积均有所减少,分别减少66.9万公顷、92.1万公顷、227.2万公顷,分别下降17.2%、7.2%、24.0%。(见表4-2)

表4-2　2004—2022年全国各粮食作物播种面积及占比变化

| 种类 | 2022年 面积/万公顷 | 占比% | 2004年 面积/万公顷 | 占比% | 2004—2022年 面积差额/万公顷 | 占比变化/百分点 | 增长率% |
| --- | --- | --- | --- | --- | --- | --- | --- |
| 粮食 | 11 833.2 | 100.0 | 10 160.6 | 100.0 | 1672.6 | 0.0 | 16.5 |
| 稻谷 | 2945.0 | 24.9 | 2837.9 | 27.9 | 107.1 | -3.0 | 3.8 |
| 小麦 | 2351.8 | 19.9 | 2162.6 | 21.3 | 189.2 | -1.4 | 8.7 |
| 玉米 | 4307.0 | 36.4 | 2544.6 | 25.0 | 1762.4 | 11.4 | 69.3 |
| 其他谷物 | 323.0 | 2.7 | 389.9 | 3.8 | -66.9 | -1.1 | -17.2 |
| 豆类 | 1187.8 | 10.0 | 1279.9 | 12.6 | -92.1 | -2.6 | -7.2 |
| 薯类 | 718.5 | 6.1 | 945.7 | 9.3 | -227.2 | -3.2 | -24.0 |

数据来源:《中国统计年鉴(2005)》,中华人民共和国农业农村部官网。

## (三)全国粮食单产变化趋势

全国粮食单产从2004年的4620.49公斤/公顷增长至2022年的5801.70公斤/公顷,增加了1181.21公斤/公顷,增长25.56%。其中,单产增长最突出的是小麦,从2004年的4251.92公斤/公顷增长至2022年的5855.97公斤/公顷,增加1604.05公斤/公顷,增长37.73%;玉米和其他谷物单产增长明显,从2004年至2022年,分别增长25.70%、20.41%;豆类、稻谷、薯类也有所增长,分别增长13.50%、12.19%、10.35%。(见表4-3)

表4-3  2004—2022年全国各粮食作物单产及增长变化

| 种类 | 2022年 单产/(公斤/公顷) | 2004 单产/(公斤/公顷) | 2004—2022年 单产差额/(公斤/公顷) | 增长率/% |
|---|---|---|---|---|
| 粮食 | 5801.70 | 4620.49 | 1181.21 | 25.56 |
| 稻谷 | 7079.60 | 6310.61 | 768.99 | 12.19 |
| 小麦 | 5855.97 | 4251.92 | 1604.05 | 37.73 |
| 玉米 | 6436.08 | 5120.20 | 1315.88 | 25.70 |
| 其他谷物 | 3041.80 | 2526.22 | 515.58 | 20.41 |
| 豆类 | 1979.33 | 1743.96 | 235.37 | 13.50 |
| 薯类 | 4143.69 | 3762.02 | 381.66 | 10.15 |

数据来源：国家统计局官网。

## 二、全国粮食增产的主要因素[①]

### (一)测算方法

根据王军等[②]优化改进的估算方法：首先，假定从第 $t$ 期到第 $n$ 期的粮食播种面积变化量为 $\triangle S$、单产变化量为 $\triangle Y$、生产结构的变化率为 $\triangle R$。则第 $n$ 期的粮食产量 $Q_n$ 可以表示为：

$Q_n = (S_t + \triangle S) \sum [(Y_t + \triangle Y)(R_t + \triangle R)]$

将上式划分为原面积粮食产量和新增面积粮食产量两部分，即：

$Q_n = S_t \sum [(Y_t + \triangle Y)(R_t + \triangle R)] + \triangle S \sum [(Y_t + \triangle Y)(R_t + \triangle R)]$

原面积粮食产量增量 $\triangle Q_{os}$ 为：

$\triangle Q_{os} = S_t \sum [(Y_t + \triangle Y)(R_t + \triangle R)] - S_t \sum Y_t R_t = S_t [\sum Y_t \triangle R + \sum \triangle Y R_t + \sum \triangle Y \triangle R]$

---

[①] 杜梦露.全国粮食增产的主要因素分解与实证测算[J].农村经济与科技,2021,32(19):11-13.

[②] 王军,张越杰.中国粮食增产的主要因素贡献分解与实证估算[J].统计与决策,2020,36(1):44-48.

进一步将上式分解为三个部分,得到结构调整增量 $S_t\sum Y_t\triangle R$、单产增量 $S_t\sum \triangle YR$,以及单产与结构调整的交互影响增量 $S_t\sum \triangle Y\triangle R$。

第二部分为新增面积的粮食产量增量 $Q_{\triangle s}$：

$Q_{\triangle s}=\triangle S\sum[(Y_t+\triangle Y)(R_t+\triangle R)]=\triangle S\sum Y_tR_t+\triangle S\sum Y_t\triangle R+\triangle S\sum \triangle YR_t+\triangle S\sum \triangle Y\triangle R$

将上式分解为四个部分,得到新增面积按照原生产方式实现的增量 $\triangle S\sum Y_tR_t$、新增面积下结构调整增量 $\triangle S\sum Y_t\triangle R$、新增面积下单产变化增量 $\triangle S\sum \triangle YR_t$ 以及新增面积下单产与结构调整的交互影响增量 $\triangle S\sum \triangle Y\triangle R$。

综上,粮食增产来源可以分解为七个部分,即原面积的单产增量、结构调整增量,单产与结构调整交互影响增量,新增面积完全按照原生产方式实现的增量、单产增量、结构调整增量以及新增面积单产与结构调整的交互影响增量。

### (二)实证分析

从测算结果看,全国粮食连丰连增最主要的贡献因素为原面积的单产增长和新增面积实现的增产,这两个主要因素贡献率之和达到78.78%。将原面积与新增面积增产贡献率中的单产贡献率、面积贡献率、结构贡献率分别相加,得到50.29%、35.60%、7.15%。由此可见,粮食单产的贡献是最大因素,然后是面积贡献率、结构贡献率。同时,测算出来的单产增长和结构调整的交互效应,其总贡献率达到6.95%,也是粮食增长中十分重要的贡献因素。单独测算交互效应这一因素是为了避免将这部分贡献因素以剩余的方式笼统归于单产增长或结构调整的贡献率中,造成某一因素的贡献率被高估或低估。

从全国粮食主产省和非粮食主产省来看,粮食主产省粮食产量增长的主要贡献因素为原面积的单产贡献率和新增面积的产量贡献率,分别为32.34%、46.52%。将原面积与新增面积的单产贡献率、结构贡献率、面积贡献率分别相加,得到40.99%、6.67%、46.52%,单产增长和结构调整的交互效应之和为5.83%。粮食主产省的粮食增产主要贡献因素为面积贡献率,其次是单产贡献率、结构贡献率。将粮食主产省划分为北方主产省和南方主产省,北方主产省原面积和新增面积增产贡献率中的单产、结构、面积、交互效应贡献率之和分别为39.41%、8.67%、47.27%、4.65%,其中面积是最主要的贡献因素,其次是单产。南方主产省原面积和新增面积增产贡献率中的单产、结构、面积、交互效应贡献率之和分别为53.42%、4.51%、37.82%、4.24%,其中单产是最主要的贡献因素,其次是面积。由此可见,在粮食主产省中,南方主产省的单产贡献率远大于北方主产省,而北方主产省的面积贡献率比南方主产省更大。从非粮食主产省来看,原面积和新增面积增产贡献率中的单产、结构、面积、交互效应贡献率之和分别为117.73%、-1.15%、-28.36%、11.80%,其中单产是最主要的贡献因素,其次是交互效应。而原面积增产贡献率中的单产、交互效应的贡献率均为正数,新增面积的单产、交互效应均为负数,说明在非粮食主产省粮食增产的贡献因素中,新增面积这一因素没有起到正向积极作用。(见表4-4)

总体来看,非粮食主产省的单产贡献率远远高于粮食主产省的贡献率,而面积的贡献率则相反,远低于粮食主产省。无论是粮食主产省还是非粮食主产省,由高产量粮食作物替代低产量粮食作物的种植结构调整对区域粮食增产都有十分重要的作用,且这种作用在北方地区更为显著。

表4-4 2004—2022年全国及区域粮食要素贡献率的分解结果

| 地区 | 原面积增产贡献率/% |  |  |  | 新增面积增产贡献率/% |  |  |  |  |
|---|---|---|---|---|---|---|---|---|---|
|  | 合计 | 单产 | 结构 | 交互效应 | 合计 | 面积 | 单产 | 结构 | 交互效应 |
| 全国 | 55.29 | 43.18 | 6.14 | 5.97 | 44.71 | 35.60 | 7.11 | 1.01 | 0.98 |
| 粮食主产省 | 42.20 | 32.34 | 5.26 | 4.60 | 57.80 | 46.52 | 8.65 | 1.41 | 1.23 |
| 北方主产省 | 38.09 | 28.47 | 6.26 | 3.36 | 61.91 | 47.27 | 10.94 | 2.41 | 1.29 |
| 南方主产省 | 56.31 | 48.38 | 4.08 | 3.84 | 43.69 | 37.82 | 5.04 | 0.43 | 0.40 |
| 非粮食主产省 | 134.62 | 123.47 | -1.21 | 12.37 | -34.62 | -28.36 | -5.74 | 0.06 | -0.57 |

数据来源:本书作者整理计算2005—2023年《中国农村统计年鉴》中的数据所得。

注:①粮食主产省分为北方主产省和南方主产省。北方主产省包括:河北、内蒙古、辽宁、吉林、黑龙江、山东、河南;南方主产省包括:江苏、安徽、江西、湖北、湖南、四川。②非粮食主产省包括:贵州、云南、西藏、重庆、陕西、甘肃、青海、宁夏、新疆、山西、广西、北京、天津、上海、浙江、福建、广东、海南。

### (三)增产特点

#### 1.粮食单产贡献率最大

2004—2022年,全国粮连丰连增,实现46 946.95万吨到68 652.77万吨的突破,增产21 705.82万吨。其中最大的贡献因素是粮食单产增长,贡献率达到50.29%;其次是粮食播种面积的增加,贡献率达到35.60%;再次是粮食内部结构调整的贡献,贡献率达到7.15%;最后是粮食单产和结构调整的交互效应,贡献率达到6.95%。

### 2.粮食主产省与非主产省增产因素贡献率存在差异

粮食主产省中,南方主产省的单产贡献率远大于北方主产省,而北方主产省的面积贡献率比南方主产省更大;非粮食主产省的单产贡献率远高于粮食主产省的单产贡献率,而面积的贡献率则相反。

### 3.粮食作物结构调整具有重要意义

由高产量粮食作物替代低产量粮食作物的种植结构调整对全国粮食增产有着十分重要的作用,尤其是北方粮食主产省。

## 三、当前国家粮食安全形势对重庆粮食安全的主要影响

### (一)耕地面积减少的影响

从全国看,耕地面积减少主要有以下原因。

#### 1.城镇化发展

随着国家经济社会的快速发展,大量耕地被征用于工业、交通建设等,以保障国民经济发展的需要。

#### 2.退耕还林政策

为了响应绿色中国的政策和缓解生态破坏,我国实行了退耕还林政策,部分耕地转为林地、草地等。

### 3.劳动力缺乏

随着城镇化的推进,农村青壮劳动力大量外出务工,导致农村空心化、老龄化日趋严重,种粮后备力量严重不足,耕地撂荒现象频现。

### 4.耕地质量不高

由于自然灾害、工业污染和乱施化肥与农药等,耕地质量受到严重影响,造成土壤有机质和其他微量元素缺乏,耕地持续生产能力与土地产出率下降。

重庆面临着同样的问题,重庆市第二次国土调查数据显示,重庆全市耕地面积3657.6万亩,重庆市第三次国土调查数据显示,全市耕地2805.25万亩,减少了852.35万亩,全市耕地保护任务艰巨。

## (二)粮食品种结构的影响

2023年,全国粮食总产量69 541万吨,比2022年增加888万吨,增长1.3%。其中谷物产量64 143万吨,比2022年增加819万吨,增长1.3%。近年来,我国稻谷、小麦、玉米、豆类产量均呈现上升趋势,其他谷物和薯类产量呈现下降趋势,玉米增产是实现粮食增产的主要因素,其后依次是小麦、稻谷、豆类。

重庆作为粮食产销平衡区,又因特殊的地势地貌,其粮食品质结构与全国粮食主产省有着较大的差异。全市粮食生产以稻谷为主,2023年,重庆主要粮食作物产量占比分别为:稻谷44.89%、玉米23.59%、大豆2.22%、小麦0.57%、其他粮食作物28.73%。其他粮食作物中,薯类占比较高,主要包括马铃薯、红薯等薯类作物,并逐步成为全市粮食增产的主要品种,为进一步提高粮食综合产能起到重要作用。

## (三)国际粮价的影响

我国粮食价格走势总体上受国际粮价的影响较小。我国稻谷和小麦生产自给率较高,市场供求基本平衡,对进口的依赖较小,国际市场粮价大幅波动对国内市场的冲击有限。而我国玉米和大豆对进口的依赖度较高,故受国际粮价波动的影响较大。

重庆粮价受国际粮价的影响极小,基本与全国粮价保持一致。根据重庆市农业信息中心对重庆各区县农贸市场粮油价格的监测,重庆粮食均价在不同时间段内均保持平稳态势,与国内粮油生产供应稳固、市场供给总体宽松的大环境相符。例如,在2024年的不同时间段内,重庆粮食均价分别为5.35元/公斤、5.34元/公斤、5.37元/公斤等,环比均平稳,同比略有波动,但总体稳定。

# 第五章

# 重庆粮食产销现状分析

# 一、重庆粮食生产情况

## (一)重庆粮食生产总体情况

2007年以来,重庆粮食产量总体稳定在1100万吨左右。粮食播种面积呈下降趋势,2023年播种面积为3038.90万亩,较2007年的3222.81万亩减少了183.91万亩,减少5.71%。粮食平均亩产逐步提高,由2007年的330.17公斤提高到2023年的360.62公斤,增长了9.22%。(见表5-1)

表5-1 2007—2023年重庆市粮食生产情况表

| 年份 | 粮食播种面积/万亩 | 粮食播种面积较上年变化量/万亩 | 粮食产量/万吨 | 粮食产量较上年变化量/万吨 | 粮食亩产/公斤 | 粮食亩产较上年变化量/公斤 |
| --- | --- | --- | --- | --- | --- | --- |
| 2007年 | 3222.81 | -10.44 | 1064.06 | 255.66 | 330.17 | 80.14 |
| 2008年 | 3196.52 | -26.29 | 1112.16 | 48.10 | 347.93 | 17.76 |
| 2009年 | 3167.40 | -29.12 | 1083.78 | -28.38 | 342.17 | -5.76 |
| 2010年 | 3146.13 | -21.27 | 1080.63 | -3.15 | 343.48 | 1.31 |
| 2011年 | 3134.21 | -11.92 | 1064.16 | -16.47 | 339.53 | -3.95 |
| 2012年 | 3127.53 | -6.68 | 1060.52 | -3.64 | 339.09 | -0.44 |
| 2013年 | 3089.18 | -38.35 | 1055.15 | -5.37 | 341.56 | 2.47 |
| 2014年 | 3052.02 | -37.16 | 1043.90 | -11.25 | 342.03 | 0.47 |
| 2015年 | 3031.43 | -20.59 | 1051.05 | 7.15 | 346.72 | 4.69 |
| 2016年 | 3058.61 | 27.18 | 1078.20 | 27.15 | 352.51 | 5.79 |
| 2017年 | 3046.07 | -12.54 | 1079.88 | 1.68 | 354.52 | 2.01 |
| 2018年 | 3026.78 | -19.29 | 1079.34 | -0.54 | 356.60 | 2.08 |
| 2019年 | 2998.92 | -27.86 | 1075.15 | -4.19 | 358.51 | 1.91 |
| 2020年 | 3004.59 | 5.67 | 1081.42 | 6.27 | 359.92 | 1.41 |
| 2021年 | 3019.79 | 15.20 | 1092.84 | 11.42 | 361.89 | 1.97 |

续表

| 年份 | 粮食播种面积/万亩 | 粮食播种面积较上年变化量/万亩 | 粮食产量/万吨 | 粮食产量较上年变化量/万吨 | 粮食亩产/公斤 | 粮食亩产较上年变化量/公斤 |
|---|---|---|---|---|---|---|
| 2022年 | 3070.07 | 50.28 | 1072.84 | −20.00 | 349.45 | −12.44 |
| 2023年 | 3038.90 | −31.17 | 1095.90 | 23.06 | 360.62 | 11.17 |

数据来源：国家统计局官网。

### (二)重庆粮食生产品种结构

#### 1.主要粮食品种稻谷、玉米产量占比较大

近年来，重庆坚持政策引导和市场需求，跟进调整优化品种结构。在大豆玉米带状复合种植技术推广和政策激励下，玉米、豆类比重上升，稻谷、小麦略有下调。2023年，重庆主要粮食作物产量占比分别为：稻谷44.89%、玉米23.60%、大豆2.23%、小麦0.57%、其他粮食作物28.71%，与2007年相比分别增长−0.70%、1.76%、1.01%、−4.40%、2.33%。(见图5-1)

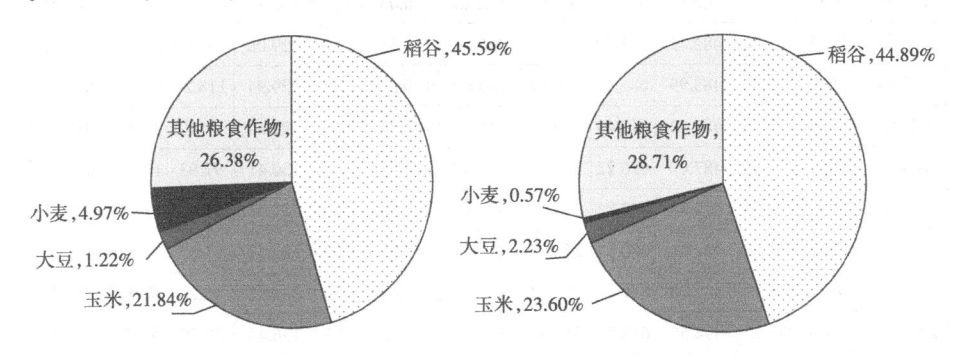

图5-1 2007年(左)、2023年(右)重庆市主要粮食品种产量占比

#### 2.主要品种面积、产量呈现"两稳一增一降"

(1)"两稳"

所谓"两稳"，是指水稻播种面积总体稳定在970万—990万亩/年，产量总体稳定在475万—500万吨/年；玉米播种面积总体稳定在660万—680万亩/年，产量总体稳定在240万—250万吨/年。

(2)"一增"

"一增",即大豆面积、产量总体呈逐年递增趋势。2023年,重庆大豆播种面积、产量、单产分别为177.59万亩、24.42万吨、137.51公斤/亩,较2007年增幅分别为64.09%、88.43%、14.80%。

(3)"一降"

"一降",即小麦播种面积、产量总体呈逐年递减趋势。2023年,小麦播种面积、产量分别为27.99万亩、6.24万吨,与2007年相比,播种面积、产量分别减少89.53%、88.20%(表5-2)。

表5-2 2007—2023年重庆市主要粮食作物生产情况

| 年份 | 稻谷 面积/万亩 | 稻谷 总产/万吨 | 稻谷 单产/(公斤/亩) | 玉米 面积/万亩 | 玉米 总产/万吨 | 玉米 单产/(公斤/亩) | 大豆 面积/万亩 | 大豆 总产/万吨 | 大豆 单产/(公斤/亩) | 小麦 面积/万亩 | 小麦 总产/万吨 | 小麦 单产/(公斤/亩) |
|---|---|---|---|---|---|---|---|---|---|---|---|---|
| 2007年 | 966.39 | 485.13 | 502.00 | 677.03 | 232.38 | 343.24 | 108.23 | 12.96 | 119.78 | 267.42 | 52.90 | 197.80 |
| 2008年 | 988.28 | 517.26 | 523.40 | 676.52 | 243.00 | 359.20 | 117.41 | 14.88 | 126.73 | 231.54 | 46.23 | 199.66 |
| 2009年 | 991.82 | 495.70 | 499.80 | 678.42 | 240.32 | 354.23 | 123.78 | 16.20 | 130.84 | 188.72 | 37.74 | 200.02 |
| 2010年 | 987.12 | 499.16 | 505.67 | 679.32 | 246.07 | 362.23 | 130.08 | 17.28 | 132.83 | 156.72 | 31.24 | 199.32 |
| 2011年 | 985.23 | 475.36 | 482.49 | 683.70 | 250.36 | 366.18 | 135.63 | 17.51 | 129.08 | 135.80 | 27.27 | 200.80 |
| 2012年 | 982.16 | 475.36 | 483.99 | 686.31 | 249.61 | 363.69 | 140.58 | 18.27 | 129.94 | 118.26 | 23.89 | 201.98 |
| 2013年 | 978.56 | 477.16 | 487.62 | 677.49 | 249.32 | 368.00 | 141.24 | 18.03 | 127.67 | 97.10 | 20.06 | 206.55 |
| 2014年 | 976.17 | 475.46 | 487.07 | 676.22 | 246.02 | 363.82 | 142.44 | 18.58 | 130.41 | 77.93 | 15.96 | 204.81 |
| 2015年 | 970.64 | 476.56 | 490.98 | 677.82 | 248.86 | 367.16 | 142.40 | 18.77 | 131.83 | 61.67 | 13.25 | 214.80 |
| 2016年 | 991.37 | 487.58 | 491.83 | 680.81 | 252.78 | 371.29 | 142.92 | 19.09 | 133.57 | 51.51 | 11.28 | 218.87 |
| 2017年 | 988.41 | 486.99 | 492.70 | 671.01 | 252.62 | 376.48 | 145.02 | 19.50 | 134.47 | 45.20 | 9.78 | 216.38 |
| 2018年 | 984.68 | 486.92 | 494.50 | 663.50 | 251.33 | 378.79 | 145.62 | 19.87 | 136.42 | 37.19 | 8.15 | 219.29 |
| 2019年 | 982.71 | 487.00 | 495.57 | 657.90 | 249.54 | 379.53 | 145.38 | 19.97 | 137.37 | 31.55 | 6.91 | 219.18 |
| 2020年 | 985.91 | 489.19 | 496.19 | 661.40 | 251.13 | 379.69 | 147.18 | 20.22 | 137.36 | 27.78 | 6.09 | 219.12 |
| 2021年 | 988.36 | 493.05 | 498.86 | 665.66 | 254.56 | 382.42 | 149.18 | 20.26 | 137.84 | 28.02 | 6.15 | 219.43 |
| 2022年 | 988.79 | 485.24 | 490.75 | 671.67 | 256.37 | 381.69 | 161.07 | 21.59 | 134.03 | 28.28 | 6.28 | 221.99 |
| 2023年 | 985.50 | 492.00 | 499.24 | 672.84 | 258.58 | 384.31 | 177.59 | 24.42 | 137.51 | 27.99 | 6.24 | 222.94 |

数据来源:国家统计局官网。

注:表中单产数据直接从国家统计局官网引用,因单位换算、四舍五入等原因,可能与表中面积与总产值折算出来的单产值略有差异。

### 3. 主要品种单产呈"一稳三增"趋势

**(1)"一稳"**

"一稳"即稻谷单产稳定。重庆市水稻单产总体稳定在480—500公斤/亩，2023年稻谷单产为499.24公斤/亩，较全国平均水平高23.45公斤/亩。

**(2)"三增"**

"三增"即玉米、大豆、小麦单产持续增加。

玉米：重庆市玉米单产总体呈逐年递增趋势。2023年，重庆市玉米单产为384.31公斤/亩，较全国单产低51.16公斤/亩；2007年至2023年，重庆市玉米单产年平均增加2.56公斤/亩，全国玉米单产年平均增加5.69公斤/亩，重庆市玉米年平均增加值较全国低3.13公斤/亩。

大豆：重庆市大豆单产总体呈逐年递增趋势。2023年，重庆市大豆单产137.51公斤/亩，较全国大豆单产高4.85公斤/亩；2007年至2023年，重庆市大豆单产年平均增加1.11公斤/亩，较全国大豆单产年平均增加值2.23公斤/亩，低1.12公斤/亩。

小麦：重庆市小麦单产总体呈逐年递增趋势。2023年，重庆市小麦单产222.94公斤/亩，较全国单产低162.46公斤/亩；年平均增加1.57公斤/亩，较全国小麦单产年平均增加值4.89公斤/亩，低3.32公斤/亩。

2007—2023年重庆市和全国主要粮食作物单产情况见表5-3。

表5-3　全国和重庆市主要粮食作物单产情况表

单位：公斤/亩

| 年份 | 全国 |  |  |  | 重庆 |  |  |  |
|---|---|---|---|---|---|---|---|---|
|  | 稻谷 | 玉米 | 大豆 | 小麦 | 稻谷 | 玉米 | 大豆 | 小麦 |
| 2007年 | 428.87 | 344.44 | 96.91 | 307.19 | 502.00 | 343.24 | 119.78 | 197.80 |
| 2008年 | 437.50 | 370.38 | 113.52 | 317.54 | 523.40 | 359.20 | 126.73 | 199.66 |
| 2009年 | 439.02 | 350.57 | 108.68 | 316.06 | 499.80 | 354.23 | 130.84 | 200.02 |
| 2010年 | 436.86 | 363.58 | 118.08 | 316.64 | 505.67 | 362.23 | 137.83 | 199.32 |
| 2011年 | 445.82 | 383.17 | 122.42 | 322.55 | 482.49 | 366.18 | 129.08 | 200.80 |
| 2012年 | 451.79 | 391.31 | 120.96 | 332.58 | 483.99 | 363.69 | 129.94 | 201.98 |
| 2013年 | 447.82 | 401.06 | 117.33 | 337.26 | 487.62 | 368.00 | 127.67 | 206.55 |
| 2014年 | 454.21 | 387.26 | 119.16 | 349.75 | 487.07 | 363.82 | 130.41 | 204.81 |
| 2015年 | 459.42 | 392.86 | 120.76 | 359.71 | 490.98 | 367.16 | 131.83 | 214.80 |

续表

| 年份 | 全国 | | | | 重庆 | | | |
|---|---|---|---|---|---|---|---|---|
| | 稻谷 | 玉米 | 大豆 | 小麦 | 稻谷 | 玉米 | 大豆 | 小麦 |
| 2016年 | 457.72 | 397.81 | 119.28 | 359.98 | 491.83 | 371.29 | 133.57 | 218.87 |
| 2017年 | 461.13 | 407.35 | 123.57 | 365.61 | 492.70 | 376.48 | 134.47 | 216.38 |
| 2018年 | 468.44 | 406.95 | 126.53 | 361.11 | 494.50 | 378.79 | 136.42 | 219.29 |
| 2019年 | 470.62 | 421.11 | 129.25 | 375.36 | 495.57 | 379.53 | 137.37 | 219.18 |
| 2020年 | 469.62 | 421.13 | 132.23 | 382.82 | 496.19 | 379.69 | 137.36 | 219.12 |
| 2021年 | 474.23 | 419.40 | 129.88 | 387.39 | 498.86 | 382.42 | 137.84 | 219.43 |
| 2022年 | 471.97 | 429.07 | 132.01 | 390.40 | 490.75 | 381.69 | 134.03 | 221.99 |
| 2023年 | 475.79 | 435.47 | 132.66 | 385.40 | 499.24 | 384.31 | 137.51 | 222.94 |

数据来源：国家统计局官网。

### (三)重庆市粮食生产地区布局

#### 1.中心城区

重庆市中心城区粮食生产地区包括大渡口区、江北区、沙坪坝区、九龙坡区、南岸区、北碚区、渝北区、巴南区等8个区。2023年粮食播种面积111.85万亩,产量40.37万吨,该区域占我市粮食播种总面积的3.68%,占粮食总产量的3.68%。

#### 2.渝西地区

渝西粮食生产地区包括江津区、合川区、永川区、大足区、璧山区、铜梁区、潼南区、荣昌区等8个区。2023年粮食播种面积782.95万亩,产量344.36万吨,该区域占我市粮食播种总面积的25.76%,占粮食总产量的31.42%。

#### 3.渝东新城

渝东新城粮食生产地区包括涪陵区、长寿区、綦江区、万盛经开区、南川区、垫江县等6个区县。2023年粮食播种面积505.69万亩,产量191.34万吨,该区域占我市粮食播种总面积的16.64%,占粮食总产量的17.46%。

### 4.渝东北三峡库区

渝东北粮食生产地区包括万州区、开州区、梁平区、城口县、丰都县、云阳县、忠县、奉节县、巫山县、巫溪县等10个区县。2023年粮食播种面积1101.47万亩,产量355.36万吨,该区域占我市粮食播种总面积的36.25%,占粮食总产量的32.43%。

### 5.渝东南武陵山区

渝东南武陵山区粮食生产地区包括黔江区、秀山土家族苗族自治县、武隆区、石柱土家族自治县、酉阳土家族苗族自治县、彭水苗族土家族自治县等6个区县。2023年粮食播种面积536.87万亩,产量164.50万吨,该区域占我市粮食播种总面积的17.67%,占粮食总产量的15.01%。

重庆市粮食生产地区布局情况见图5-2。

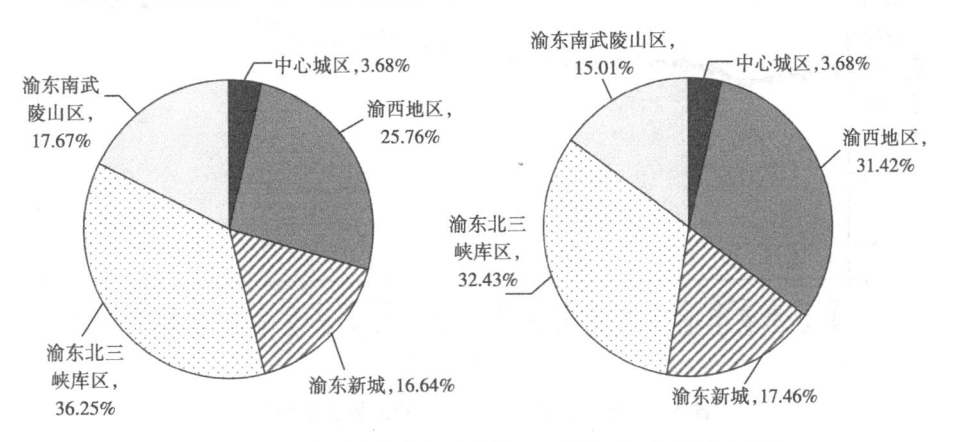

图5-2 2023年重庆市粮食生产地区面积(左)、产量(右)占比

## 二、重庆粮食消费情况

### （一）总体情况

直辖以来，重庆粮食消费总量呈现上升趋势。1997—2010年，粮食消费总量基本稳定在1200万吨/年左右；2011—2023年，主要由于人口增长和粮食消费结构变化，消费总量呈现波动上升趋势，2023年较2011年增长31.22%。1997—2023年重庆粮食消费趋势见图5-3。

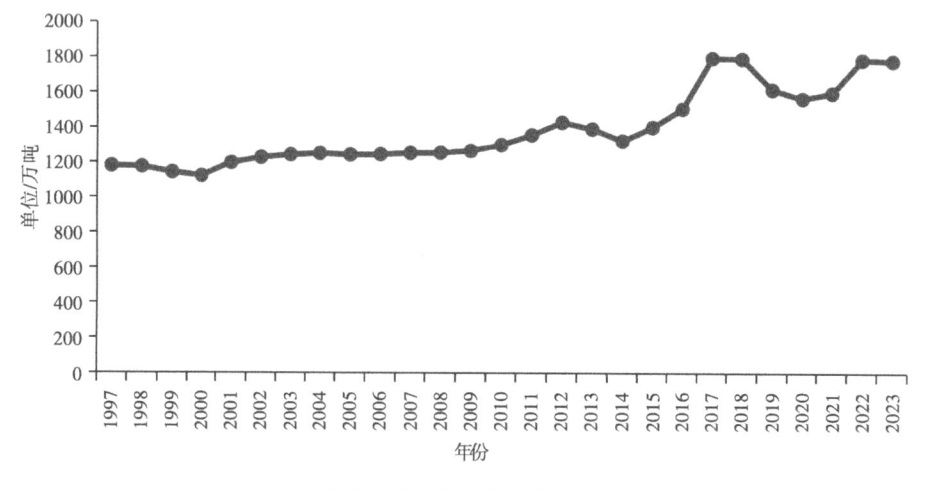

图5-3 重庆直辖以来粮食消费总量变化趋势

### （二）粮食消费结构占比

直辖以来，重庆全市年平均粮食消费量1377.9万吨，其中，口粮609.0万吨，占44.2%，饲料用粮646.1万吨，占46.9%，工业用粮99.9万吨，占7.3%，种子用粮22.9万吨，占1.7%。到2023年，口粮占比、饲料用粮占比、工业用粮占比、种子用粮占比较1997年增长-20.5%、27.0%、-4.7%、-1.8%。（见图5-4）

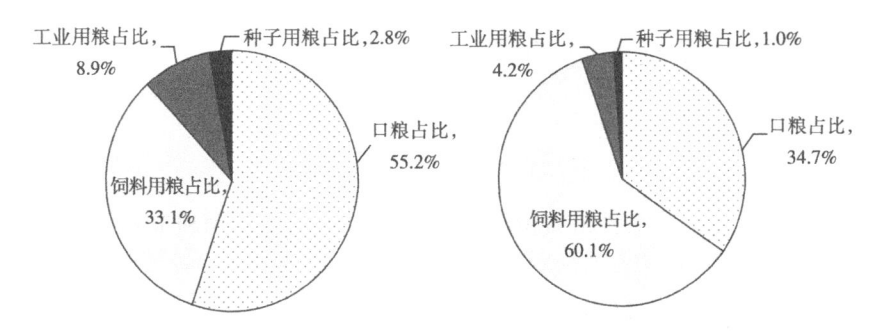

图 5-4　重庆 1997 年(左)和 2023 年(右)粮食消费结构

数据来源:国家粮食和物资储备局统计资料。

## (三)粮食供需变化趋势

1997—2023 年,重庆粮食自给率①呈现波动下降趋势。由于粮食消费量的不断上涨,粮食自给率从 1997 年的 99.5% 下降至 2023 年的 60.3%。(见图 5-5)

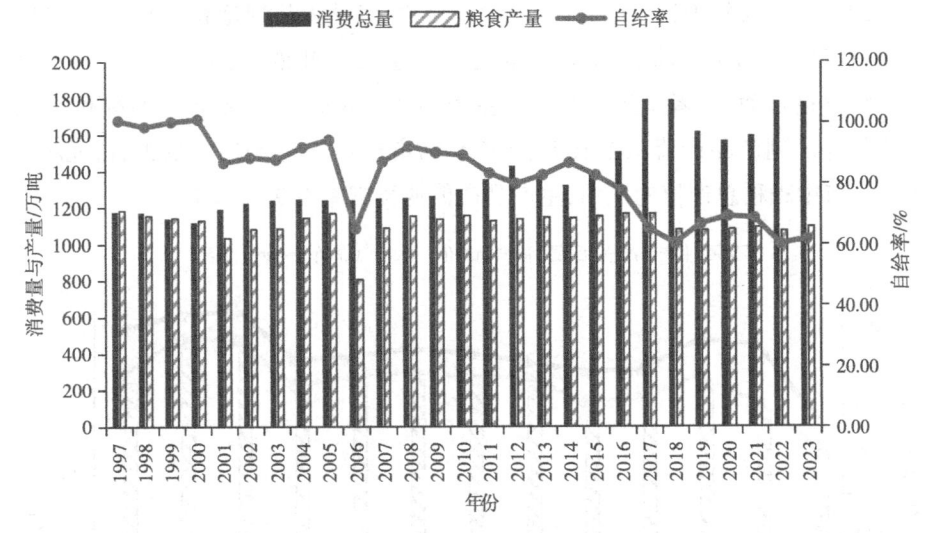

图 5-5　重庆直辖以来粮食供需变化趋势

数据来源:国家统计局官网。

---

① 粮食自给率=当年全市粮食总产量/当年粮食消费量。

# 三、粮食成本收益情况

由于重庆小麦、大豆种植面积较小,因此下文只分析水稻和玉米两个品种。

## (一)水稻成本效益分析

由于重庆水稻种植主要以中籼稻为主,因此下文以中籼稻为例对重庆水稻产值、成本、效益三个方面开展纵向比较分析。

### 1.重庆水稻成本收益变化

(1)生产产值

2010—2022年期间,重庆中籼稻主产品产值总体呈现增长趋势(图5-6)。主产品产值从2010年的1006.31元/亩逐年增至2022年的1336.08元/亩,且主要受市场价格推动,二者呈正相关。与主产品产值相同,副产品产值总体也呈现增长趋势。副产品产值从2010年的27.5元/亩逐年增至2022年的38.40元/亩。在重庆市中籼稻总产值构成中,主产品产值的贡献率在97%以上。

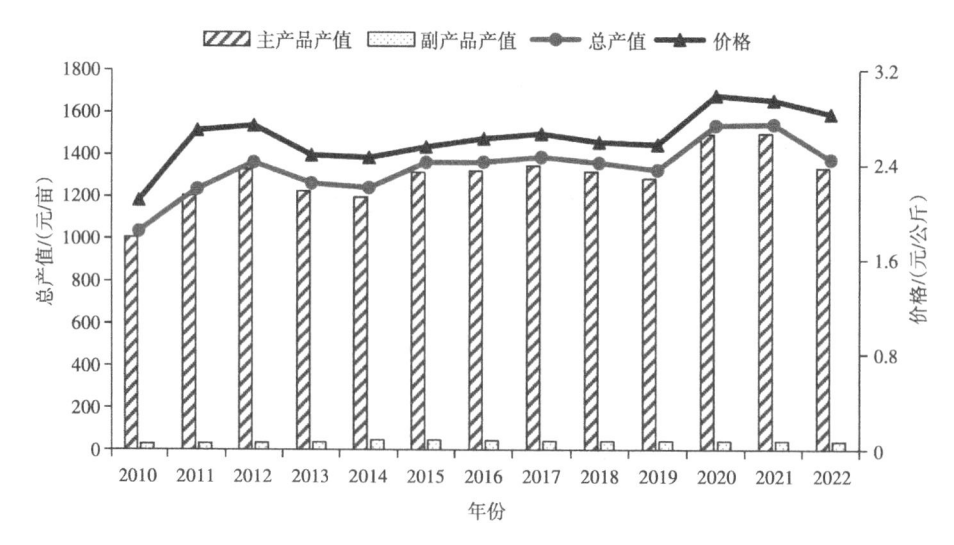

图5-6 2010—2022年重庆中籼稻总产值及价格变化趋势

数据来源:2011—2023年《全国农产品成本收益资料汇编》。

(2)生产成本

①成本变化

2010—2022年,由于种子、化肥、农药、农膜以及租赁作业等费用不断上涨,物质与服务费用成本从2010年的267.15元/亩逐年增长至2022年的472.01元/亩,上涨幅度为76.68%;土地成本从2010年的124.73元/亩逐年增长至2022年的166.15元/亩,增长幅度为33.21%;人工成本从2010年的432.81元/亩逐年增至2022年的674.02元/亩,上涨幅度为55.73%;总成本从2010年的824.69元/亩增至2022年的1312.18元/亩,其上涨幅度为59.11%。重庆中籼稻种植成本构成及总成本变化趋势如图5-7所示。

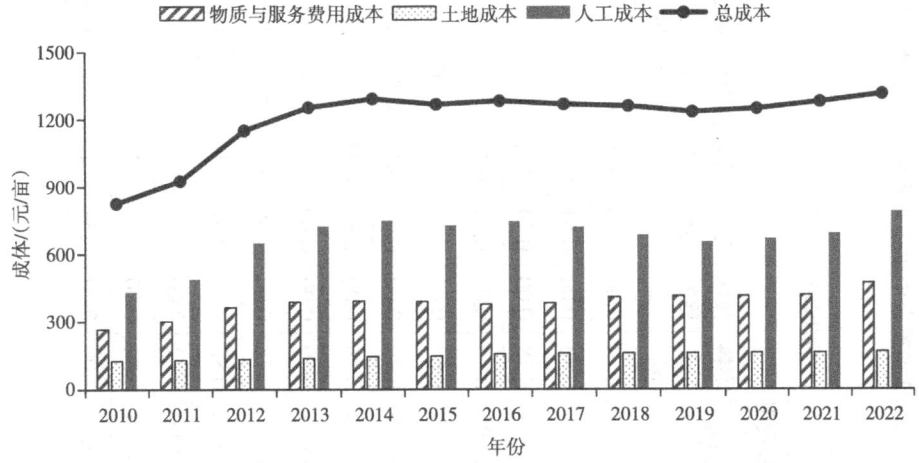

图5-7 2010—2022重庆中籼稻种植成本构成及总成本变化趋势

数据来源:2011—2023年《全国农产品成本收益资料汇编》。

②成本结构

2010—2022年,重庆中籼稻每亩物质与服务费用成本占比由32.39%增加至35.97%,其中种子费占比由3.88%增加至5.12%,化肥费占比由9.35%减少至8.93%,租赁作业费(包括农机费)占比由13.17%增加至15.35%,人工成本由52.48%减少至51.37%,土地成本由15.12%减少至12.66%。可以看出,物质与服务费用成本和人工成本占比较大,2022年,两者占比之和超过了87%。2010—2022年重庆中籼稻每亩生产成本结构占比详见表5-4。

表 5-4　2010—2022 年重庆中籼稻每亩生产成本结构占比

单位:%

| 年份 | 总成本 | 物质与服务成本 ‖ 直接费用 ||||||||| 间接费用 |||| 人工成本 | 土地成本 |
|---|---|---|---|---|---|---|---|---|---|---|---|---|---|---|---|---|
| | | 种子费 | 化肥费 | 农家肥费 | 农药费 | 农膜费 | 租赁作业费 | 燃料动力费 | 技术服务费 | 工具材料费 | 修理维护费 | 其他直接费用 | 固定资产折旧 | 保险费 | 管理费 | 财务费 | 销售费 | | |
| 2010 | 100.00 | 3.88 | 9.35 | 0.90 | 1.73 | 1.16 | 13.17 | 0.14 | 0.00 | 0.58 | 0.30 | 0.00 | 1.01 | 0.00 | 0.00 | 0.00 | 0.17 | 52.48 | 15.12 |
| 2011 | 100.00 | 4.12 | 8.70 | 0.73 | 1.49 | 1.11 | 13.59 | 0.83 | 0.00 | 0.51 | 0.32 | 0.00 | 1.41 | 0.00 | 0.00 | 0.00 | 0.04 | 53.01 | 14.14 |
| 2012 | 100.00 | 3.87 | 7.83 | 0.74 | 1.97 | 0.89 | 13.91 | 0.78 | 0.00 | 0.44 | 0.23 | 0.00 | 1.13 | 0.00 | 0.00 | 0.00 | 0.03 | 56.52 | 11.67 |
| 2013 | 100.00 | 3.87 | 8.32 | 0.58 | 1.77 | 0.77 | 12.92 | 0.79 | 0.00 | 0.44 | 0.19 | 0.00 | 1.28 | 0.03 | 0.00 | 0.00 | 0.01 | 57.96 | 11.07 |
| 2014 | 100.00 | 3.68 | 6.84 | 0.54 | 1.66 | 0.68 | 14.44 | 0.60 | 0.00 | 0.54 | 0.14 | 0.00 | 1.38 | 0.02 | 0.00 | 0.00 | 0.00 | 58.16 | 11.31 |
| 2015 | 100.00 | 3.90 | 6.19 | 0.59 | 1.92 | 0.66 | 14.89 | 0.49 | 0.00 | 0.63 | 0.14 | 0.00 | 1.40 | 0.02 | 0.00 | 0.00 | 0.01 | 57.55 | 11.62 |
| 2016 | 100.00 | 3.77 | 6.11 | 0.57 | 1.90 | 0.60 | 13.80 | 0.46 | 0.00 | 0.64 | 0.15 | 0.00 | 1.53 | 0.02 | 0.00 | 0.00 | 0.00 | 58.22 | 12.22 |
| 2017 | 100.00 | 3.95 | 6.05 | 0.49 | 1.93 | 0.65 | 14.34 | 0.59 | 0.00 | 0.69 | 0.13 | 0.00 | 1.54 | 0.02 | 0.00 | 0.00 | 0.00 | 57.04 | 12.57 |
| 2018 | 100.00 | 4.64 | 6.79 | 0.45 | 1.96 | 0.62 | 14.98 | 0.78 | 0.00 | 0.66 | 0.15 | 0.00 | 1.50 | 0.13 | 0.00 | 0.00 | 0.00 | 54.66 | 12.67 |
| 2019 | 100.00 | 4.83 | 6.96 | 0.47 | 1.78 | 0.60 | 15.72 | 0.85 | 0.00 | 0.64 | 0.14 | 0.00 | 1.47 | 0.26 | 0.00 | 0.00 | 0.03 | 53.23 | 13.03 |
| 2020 | 100.00 | 4.98 | 6.90 | 0.43 | 1.78 | 0.55 | 15.00 | 0.82 | 0.00 | 0.61 | 0.14 | 0.00 | 1.41 | 0.61 | 0.00 | 0.00 | 0.01 | 53.69 | 13.05 |
| 2021 | 100.00 | 5.08 | 6.92 | 0.44 | 1.66 | 0.56 | 14.78 | 0.84 | 0.00 | 0.57 | 0.15 | 0.00 | 1.34 | 0.58 | 0.00 | 0.00 | 0.00 | 54.32 | 12.74 |
| 2022 | 100.00 | 5.12 | 8.93 | 0.41 | 1.73 | 0.54 | 15.35 | 1.09 | 0.00 | 0.54 | 0.14 | 0.00 | 1.30 | 0.81 | 0.00 | 0.00 | 0.01 | 51.37 | 12.66 |

数据来源:2011—2023 年《全国农产品成本收益资料汇编》。

### (3)生产效益

在2010—2022年的十余年中,重庆市中籼稻种植效益不断波动,年际间表现极不稳定。2011—2014年,种植效益(净利润)呈现大幅下降趋势,由2011年的310.82元/亩快速下降到2014年的-49.1元/亩,下降幅度约116%;2015—2020年,种植效益(净利润)从95.92元/亩增长至2020年的290.17元/亩;此后,2021年又呈现下降趋势。(图5-8)

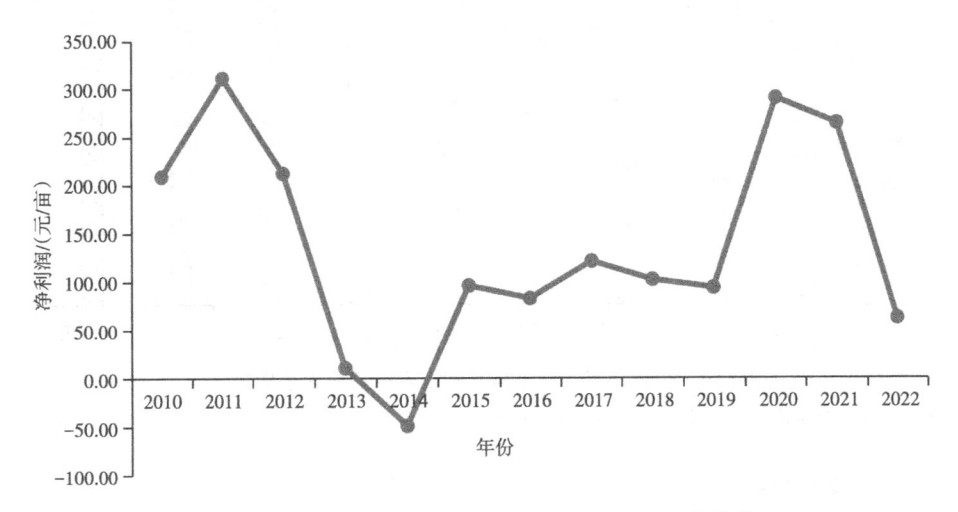

图5-8 2010—2022年重庆中籼稻种植效益的变化趋势

数据来源:2011—2023年《全国农产品成本收益资料汇编》。

### 2.重庆与长江经济带其他省份成本收益比较

由于长江经济带各省份涉及的水稻类型不尽相同,下文以中籼稻为例,将重庆市与长江经济带上其他主要省份的产值、成本、效益三个方面进行比较分析。需要说明的是,由于相关省份数据获取难度较大,且统计口径存在出入,综合《全国农产品成本收益资料汇编》(2007—2016年)中所罗列的中籼稻种植省份,本书仅选取了长江经济带上的重庆、江苏、安徽、湖北、湖南、四川、贵州、云南等8个省(直辖市)进行相关分析和研究。

### (1)产值对比

2022年,重庆中籼稻主产品产值为1336.08元/亩,为长江经济带其他七个省份平均水平的93.73%;副产品产值为38.40元/亩,为长江经济带其他七个省份平均水平的169.99%;总产值为1374.48元/亩,为长江经济带其他七个省份平均水平的94.67%。(图5-9)可见,重庆市中籼稻的副产品产值高于长江经济带各省份平均水平,但主产品产值和总产值多低于长江经济带其他七个省份平均水平,比较优势不强。

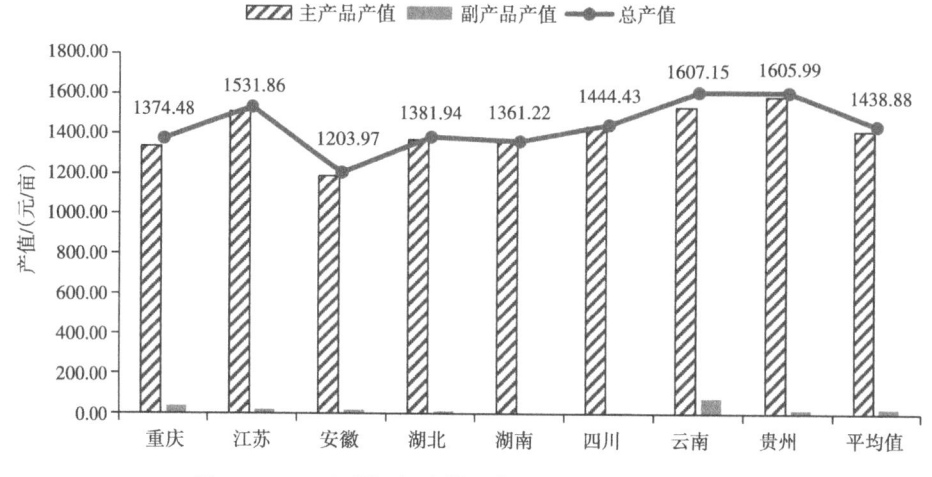

图5-9 2022年长江经济带八省市中籼稻产值结构对比

数据来源:《全国农产品成本收益资料汇编(2023)》。

(2)成本对比

2022年,重庆物质与服务费用成本为472.01元/亩,为长江经济带其他七个省份平均水平的79.33%。重庆土地成本为166.15元/亩,为长江经济带其他七个省份平均水平的70.25%。重庆人工成本为674.02元/亩,为长江经济带其他七个省份平均水平的108.42%。从总成本来看,重庆为1312.18元/亩,为长江经济带其他七个省份平均水平的90.30%。(图5-10)总的来看,重庆市中籼稻种植的物质与服务费用成本、土地成本以及总成本均低于长江经济带各省份平均水平,但人工成本高于平均水平,且人工成本不断上升,这也一直是其总成本持续上升的主要因素。

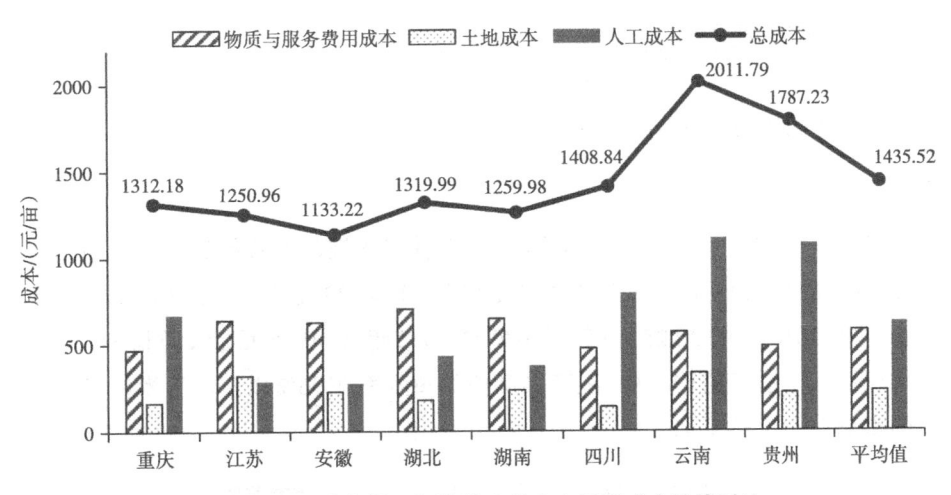

图5-10 2022年长江经济带八省市中籼稻成本结构对比

数据来源:《全国农产品成本收益资料汇编(2023)》。

(3)效益对比

2022年,重庆市中籼稻种植效益(净利润)为62.30元/亩,位列长江经济带8省(直辖市)的第4位(图5-11),种植效益(净利润)较低的主要原因在于种植成本特别是人工成本占比较大。

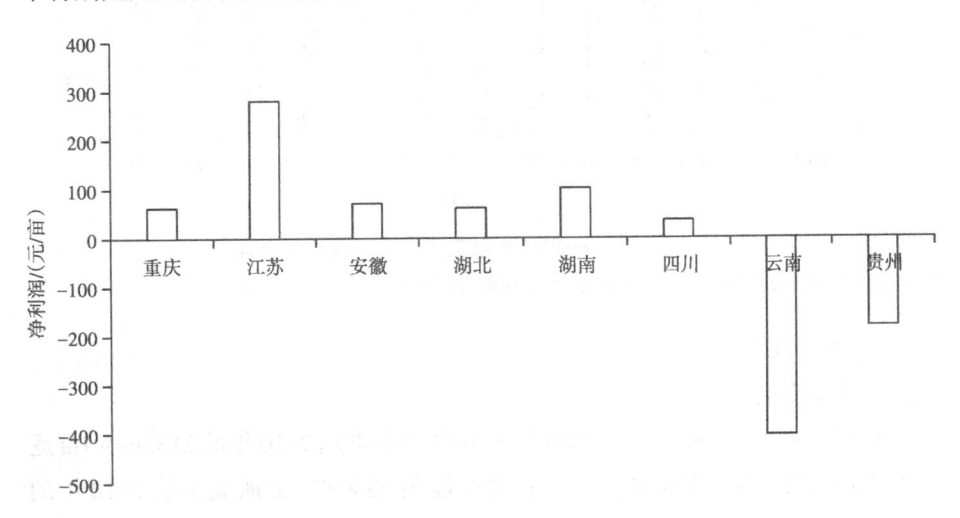

图5-11 2022年长江经济带各省(市)中籼稻效益横向对比

数据来源:《全国农产品成本收益资料汇编(2023)》。

## (二)玉米成本效益分析

### 1.重庆近年来玉米成本收益变化

(1)生产产值

2010—2022年,重庆玉米主产品产值总体呈现波动增长趋势。主产品产值从2010年的843.95元/亩逐年增至2022年的1143.23元/亩,增长35.46%,副产品产值从2010年的30.25元/亩逐年增至2022年的40.56元/亩,增长34.08%。在重庆市玉米总产值构成中,主产品产值的贡献率在96%以上。玉米价格对产值的影响较大。(图5-12)

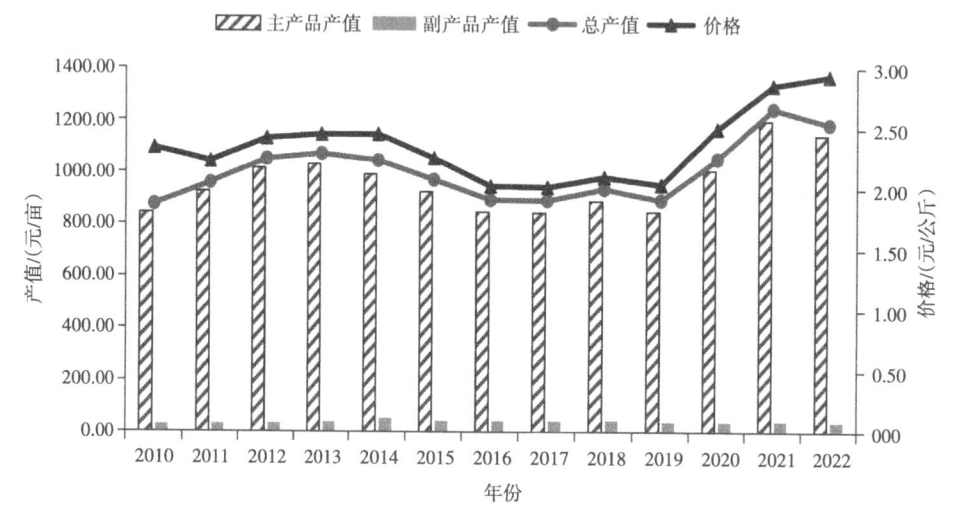

图5-12 2010—2022年重庆玉米总产值变化趋势

数据来源:2011—2023年《全国农产品成本收益资料汇编》。

(2)生产成本

①成本变化

2010—2022年,重庆玉米物质与服务费用成本从2010年的213.96元/亩逐年增长至2022年的326.94元/亩,上涨幅度为52.80%;土地成本从2010年的117.31元/亩逐年下降至2022年的115.84元/亩,下降幅度为1.25%;人工成本从2010年的498.76元/亩逐年增至2022年的846.61元/亩,上涨幅度为69.74%;总成本从2010年的830.03元/亩增至2022年的1289.39元/亩,其上涨幅度为55.34%。(图5-13)

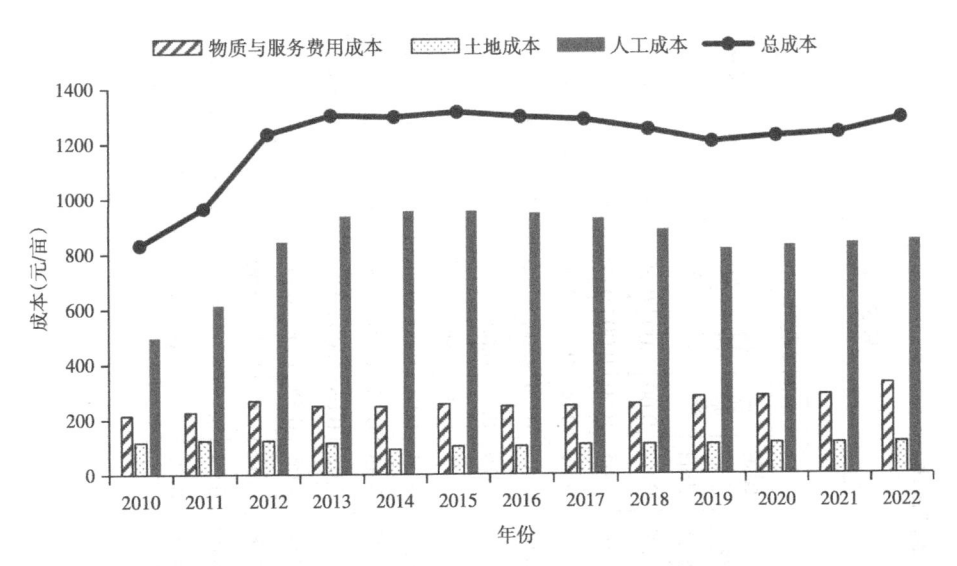

图5-13　2010—2022重庆玉米种植成本构成及总成本变化趋势

数据来源：2011—2023年《全国农产品成本收益资料汇编》。

②成本结构

2010—2022年，重庆物质与服务费用成本占比由25.78%减少至25.36%，其中种子费占比由4.12%减少至3.89%；化肥费占比由14.33%增长至14.46%；租赁作业费（包括农机费）占比基本保持在2.00%左右，人工成本由60.09%增长至65.66%，土地成本由14.13%减少至8.98%。人工成本占比最大，达到60%以上，其次是物质与服务费用成本，占比25%左右。（见表5-5）

表 5-5  2010—2022 年重庆玉米生产成本结构占比

单位：%

| 年份 | 总成本 | 种子费 | 化肥费 | 农家肥费 | 农药费 | 农膜费 | 租赁作业费 | 燃料动力费 | 技术服务费 | 工具材料费 | 修理维护费 | 其他直接费用 | 固定资产折旧 | 保险费 | 管理费 | 财务费 | 销售费 | 人工成本 | 土地成本 |
|---|---|---|---|---|---|---|---|---|---|---|---|---|---|---|---|---|---|---|---|
| 2010 | 100.00 | 4.12 | 14.33 | 2.33 | 0.85 | 0.47 | 2.00 | 0.02 | 0.00 | 0.45 | 0.25 | 0.00 | 0.87 | 0.00 | 0.00 | 0.00 | 0.08 | 60.09 | 14.13 |
| 2011 | 100.00 | 4.23 | 11.75 | 2.06 | 1.07 | 0.33 | 2.64 | 0.00 | 0.00 | 0.41 | 0.21 | 0.00 | 0.65 | 0.00 | 0.00 | 0.00 | 0.06 | 63.76 | 12.83 |
| 2012 | 100.00 | 3.42 | 11.40 | 1.60 | 0.83 | 0.48 | 2.45 | 0.18 | 0.00 | 0.38 | 0.18 | 0.00 | 0.69 | 0.00 | 0.00 | 0.00 | 0.02 | 68.37 | 9.99 |
| 2013 | 100.00 | 3.21 | 9.97 | 1.31 | 0.98 | 0.37 | 1.77 | 0.22 | 0.00 | 0.41 | 0.12 | 0.00 | 0.83 | 0.00 | 0.00 | 0.00 | 0.00 | 71.89 | 8.92 |
| 2014 | 100.00 | 3.08 | 10.15 | 1.47 | 1.47 | 0.36 | 1.60 | 0.17 | 0.00 | 0.36 | 0.18 | 0.00 | 0.70 | 0.00 | 0.00 | 0.00 | 0.00 | 73.80 | 7.09 |
| 2015 | 100.00 | 3.61 | 9.22 | 1.17 | 1.09 | 0.26 | 2.33 | 0.10 | 0.00 | 0.50 | 0.23 | 0.00 | 0.95 | 0.00 | 0.00 | 0.00 | 0.00 | 72.78 | 7.76 |
| 2016 | 100.00 | 3.82 | 8.77 | 1.14 | 1.07 | 0.30 | 2.13 | 0.23 | 0.00 | 0.48 | 0.17 | 0.00 | 0.94 | 0.00 | 0.00 | 0.00 | 0.00 | 73.05 | 7.90 |
| 2017 | 100.00 | 3.57 | 9.05 | 1.24 | 0.98 | 0.29 | 2.36 | 0.23 | 0.00 | 0.48 | 0.16 | 0.00 | 0.93 | 0.01 | 0.00 | 0.00 | 0.00 | 72.22 | 8.43 |
| 2018 | 100.00 | 3.68 | 9.31 | 1.27 | 1.00 | 0.30 | 2.43 | 0.24 | 0.00 | 0.49 | 0.17 | 0.00 | 0.96 | 0.07 | 0.00 | 0.00 | 0.00 | 70.94 | 8.66 |
| 2019 | 100.00 | 3.79 | 12.18 | 1.38 | 0.99 | 0.29 | 2.17 | 0.40 | 0.00 | 0.50 | 0.12 | 0.00 | 1.06 | 0.08 | 0.00 | 0.00 | 0.00 | 67.71 | 9.02 |
| 2020 | 100.00 | 3.82 | 12.31 | 1.29 | 1.07 | 0.25 | 1.74 | 0.37 | 0.00 | 0.46 | 0.13 | 0.00 | 1.01 | 0.38 | 0.00 | 0.00 | 0.00 | 67.58 | 9.32 |
| 2021 | 100.00 | 3.76 | 12.65 | 1.07 | 1.11 | 0.26 | 1.81 | 0.40 | 0.00 | 0.44 | 0.14 | 0.00 | 0.98 | 0.63 | 0.00 | 0.00 | 0.00 | 67.60 | 9.24 |
| 2022 | 100.00 | 3.89 | 14.46 | 1.12 | 1.19 | 0.23 | 1.94 | 0.42 | 0.00 | 0.41 | 0.11 | 0.00 | 0.95 | 0.55 | 0.00 | 0.00 | 0.00 | 65.66 | 8.98 |

数据来源：2011—2023 年《全国农产品成本收益资料汇编》。

### (3)生产效益

2010—2022年,重庆玉米种植效益(净利润)基本上为负数,且呈现不稳定波动趋势。2010—2016年,种植效益呈现大幅下降趋势,由2010年的44.17元/亩快速下降到2016年的-403.67元/亩,下降幅度为1013.90%;2017—2021年,种植效益从-395.58元/亩增长至2021年的7.05元/亩,增长101.78%。(图5-14)

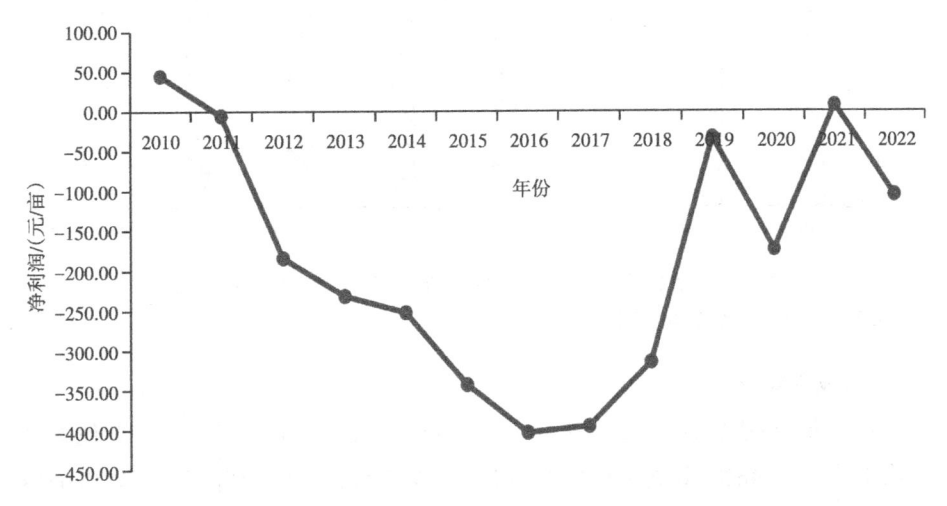

图5-14 2010—2022年重庆玉米种植效益的变化趋势

数据来源:2011—2023年《全国农产品成本收益资料汇编》。

### 2.重庆与长江经济带其他省份[①]成本收益比较

#### (1)产值对比

2022年,重庆玉米主产品产值为1143.23元/亩,为长江经济带其他省份平均水平的101.02%;副产品产值为40.56元/亩,为长江经济带其他省份平均水平的180.19%;总产值为1183.79元/亩,为长江经济带其他省份平均水平的102.89%。总产值排在长江经济带各省份的第2位,具有一定比较优势。(图5-15)

---

① 长江经济带其他省份指江苏、安徽、湖北、四川、云南、贵州。

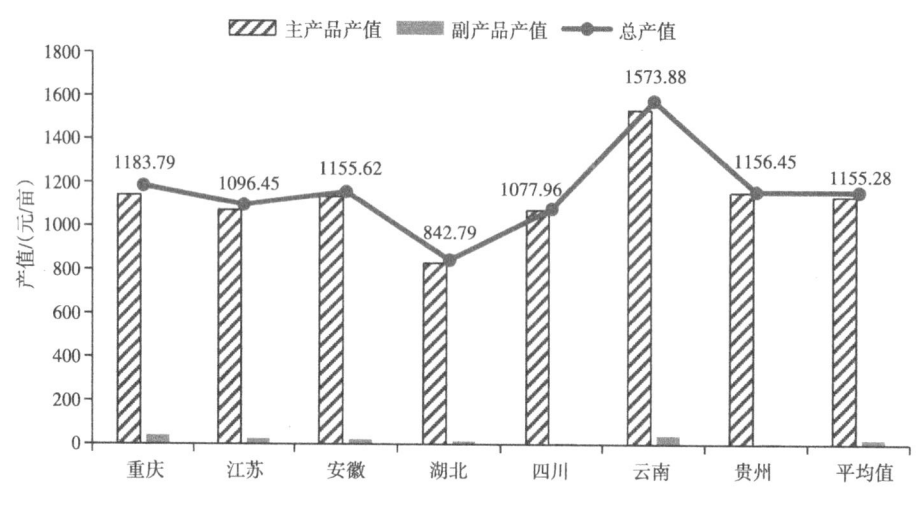

图5-15　2022年长江经济带各省(市)玉米产值结构横向对比

数据来源:《全国农产品成本收益资料汇编(2023)》。

(2)成本对比

2022年,重庆物质与服务费用成本为326.94元/亩,为长江经济带其他省份平均水平的75.46%;重庆土地成本为115.84元/亩,为长江经济带其他省份平均水平的64.10%。重庆人工成本为846.61元/亩,为长江经济带其他省份平均水平的123.35%。从总成本来看,重庆为1289.39元/亩,为长江经济带各省份平均水平的117.34%。总的来看,重庆市玉米种植的物质与服务费用成本、土地成本均低于长江经济带其他省份平均水平,但人工成本和总成本高于平均水平,且人工成本上升是造成总成本持续上升的主要原因之一。(图5-16)

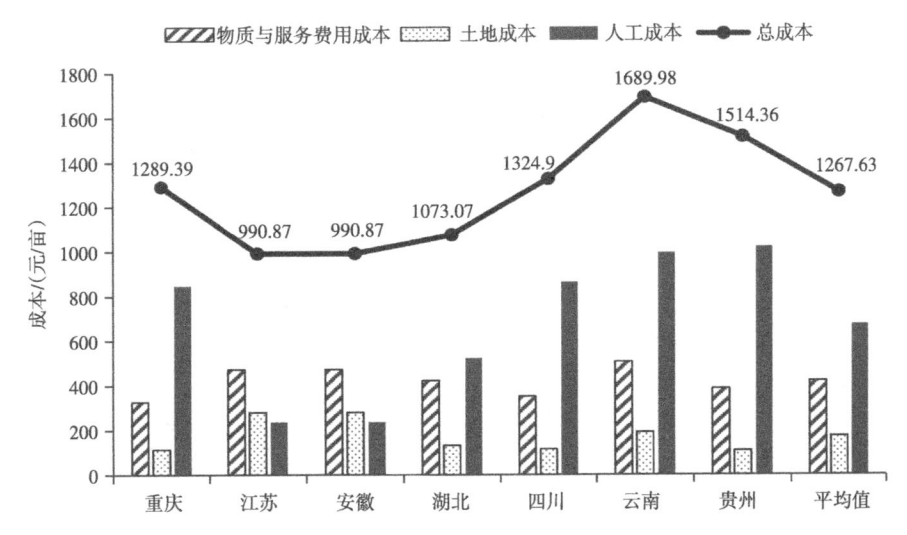

图5-16 2022年长江经济带各省(市)玉米成本结构横向对比

数据来源：《全国农产品成本收益资料汇编(2023)》。

(3)效益对比

2022年，重庆市玉米种植效益为-105.6元/亩，列长江经济带各省份的第2位，种植效益主要受人工成本影响，处于亏损状态。(图5-17)

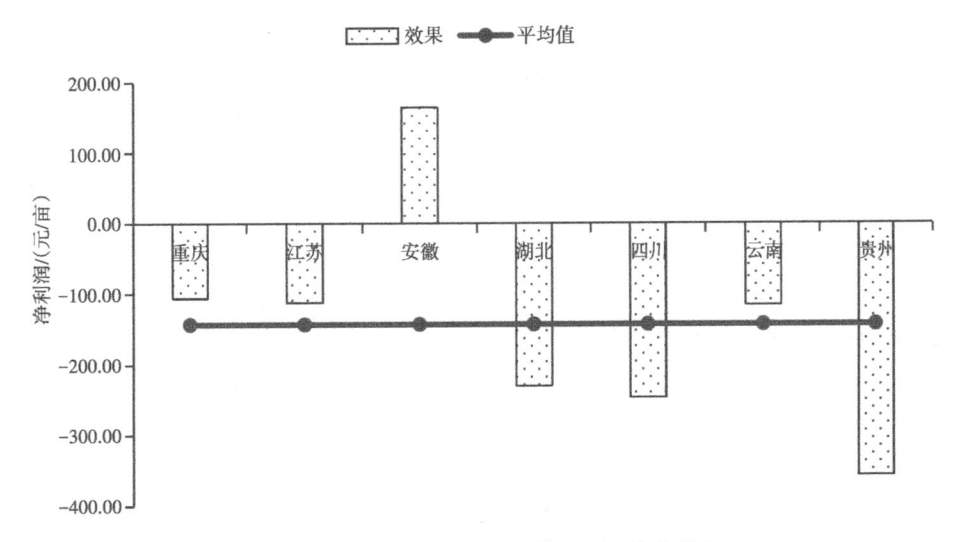

图5-17 2022年长江经济带各省(市)玉米效益横向对比

数据来源：《全国农产品成本收益资料汇编(2023)》。

# 第六章

# 重庆在保障粮食安全中存在的问题

## 一、土地细碎化,耕地质量不高

**1. 种粮面积逐年减少**

非农建设占用耕地,导致耕地数量不断减少。产业结构调整导致粮食种植面积减少,部分农民为了增加收入,将耕地改种经济作物、发展畜禽养殖、挖塘养鱼。

**2. 耕地质量出现问题**

对耕地的过度利用、施肥养分比例失调、撂荒、自然灾毁、固体废弃物堆放以及水土和空气的污染、农地投入不足等短期行为,造成耕地质量下降、生态系统遭到破坏、水土流失严重等非可持续利用土地的现象。

**3. 粮食扩面空间越来越小**

重庆市第三次国土调查数据显示:重庆市有耕地面积2805.25万亩,较第二次土地调查时减少852.35万亩;适宜粮食生产的良田沃土大面积缩水,水田及水浇地面积为1057.92万亩,较第二次土地调查时减少408.28万亩;能够盘活利用的撂荒耕地已经基本恢复种植,剩余的撂荒地难以通达或不具备耕种条件。

**4. 抗灾能力弱,保供压力大**

不少耕地缺少灌溉设施或设施老化、年久失修,工程性水利"有肚无肠"问题依然存在。

## 二、科技支撑能力较弱,优质品供给率低

### 1.粮食单产水平不高

重庆市自然灾害多发频发,病虫害常年中等偏重发生,加之耕地细碎、质量不高,制约了单产水平。2023年,重庆市粮食单产360.6公斤/亩,比全国低29.4公斤/亩、比四川低13.5公斤/亩;重庆各区县粮食单产水平不平衡,永川区最高,约489公斤/亩,城口县最低,约240公斤/亩。

### 2.关键农机装备落后

当前重庆市丘陵山区实用高效作业装备发展动力不足,农业机器人应用不广,粮食生产综合机械化程度较低,农机与农艺融合程度不够,与粮食主产省还有很大差距。

### 3.科技推广服务有待加强

受资金投入不足影响,农业试验、示范、推广经费短缺,推广体系不够健全,粮食生产新技术、新品种、新模式、农业结构调整等科技推广速度较慢,化肥农药减量、配方施肥等许多重大的粮食生产实用技术、绿色技术得不到及时推广应用。

### 4.优质品供给率低

区域种植水稻品种多、标准化生产程度低、户均种植稻谷产量小等因素导致米质良莠不齐,难以产生良好的经济价值。

## 三、经营主体实力较弱,集约化程度较低

### 1. 老龄化问题突出

随着新型城镇化的推进和农村青壮劳动力大量外出务工,农村空心化、老龄化趋势日趋严重,种粮后备力量严重不足,农民种粮积极性逐年降低,"谁来种地"已成为制约粮食生产的最大障碍。

### 2. 规模化经营程度低

全市农村平均每户常用耕地不到3亩,粮食生产仍以农户分散经营为主,社会化、机械化、专业化生产程度低,不能满足社会生产需求,致使劳动生产率较低,种粮效益徘徊,且50亩以上种粮大户规模种植面积稳定在33万亩左右,难以大幅提升。

### 3. 机械化推广受限

根据重庆市第三次国土调查的数据,全市耕地面积有2805.25万亩,其中丘陵山地占比高达98%以上,15°以上的坡耕地占比39.14%,单块耕地面积1亩以下的占比80%以上,集约程度较低,机械化种植受到限制。部分丘陵山区高标准农田建成后,仍然存在缺农机进出便道、地块未平整连片等问题,无法满足宜机化作业要求。

## 四、粮食加工能力不足,产业链条不长

### 1. 原料供给不足

重庆市缺乏标准化原料基地,本土原料难以保障加工企业需求,粮食类加

工原料90%以上来源于外部市场。

### 2.加工配套滞后

从加工情况看,大部分农民没有专业的加工烘干设备,特别是在烘干环节,97%以上的农民直接采用晒坝晾晒的自然烘干方式。在储粮方式的选择上,98%以上的农民选择家庭简易储粮方式。有些区县由于没有足够的仓储设施,需要将稻米运送至其他区县进行存储,运输过程中存在一定的损耗,也增加了成本。

### 3.产业链融合程度低

粮食产业在研发、生产、加工、储运、销售、品牌等环节未形成完整链条,仍停留在一产和初级加工阶段,链条延伸不够,产品附加值低。产加销"一条龙"未完全建立,一、二、三产业融合发展还停留在浅层次。

## 五、种粮比较效益低,制度机制有待完善

### 1.政策扶持力度有待加大

小规模经营主体难以得到项目和资金支持。部分支农政策不精准,缺乏配套衔接,效率、效益不高。种粮农民亩均种粮收益仅200—300元,远低于柑橘亩均4000元、蔬菜亩均2500元的收益。

### 2.小农户与现代农业发展有机衔接存在障碍

小农户面临着人力资金短缺、技术水平较低等问题,需要农业生产社会化服务予以支撑。农业生产社会化服务体系建设还需加强,新型农业经营主体与小农户之间并未建立紧密的利益联结机制。

### 3.土地流转机制不健全

很多粮农对长期、规模流转土地缺乏信心和存在顾虑,部分村组干部对土地流转不管不顾,阻碍了粮食集约化、规模化生产经营。

### 4.农村金融和保险发展滞后

大多数粮食经营主体担保抵押能力不强,融资难、融资贵。粮食生产风险大,保险赔付标准偏低,农民积极性不高,农业保险参保率低。

# 第七章

# 国内外粮食产业发展典型案例

# 一、日本保障粮食安全的经验启示

## （一）主要做法

### 1.改良品种和土地，实现农业机械化

（1）良种创新

日本组建了区域性的育种机构，选育优质、高产、抗病的优质稻新品种，以及适应不同生态地区的水稻品种。近年来，日本水稻的育种重点主要是瞄准水稻品质，特别是"越光""秋田小町""七星""一见钟情""阳之光"等水稻品种已成为日本最著名的水稻品种。同时，日本重视饲料稻的发展，选育出多样化的饲料稻品种，以提高本国饲料自给率。截至目前，日本已培育出700多个水稻品种，其中大约300个品种在日本大面积推广种植。

（2）土地改良

自二战结束后，日本先后制定了130余部法律法规，涉及农用地保护、管理和利用等方面，这些农用地保障政策对农业人口老龄化、农业人口流失、粮食自给率不足以及经济社会发展中的人地矛盾和资源压力有一定的缓解作用。姜彦坤和赵继伦将日本的农用地制度变迁分为四个阶段：第一阶段（1869—1920）是以耕地整顿与町村合并为重点的农用地保护阶段；第二阶段（1921—1950）是逐步废除传统封建土地租佃制度的阶段，农用地保障制度逐步向自耕农体制转化；第三阶段（1951—1977）是以土地流转推动规模化经营的阶段；第四阶段（1978至今）是农用地全面规划与效率提升阶段，城市化进程逐步放缓，生产经营规模化与集约化促使日本的农用地保障政策逐步完善。[①]

---

[①] 姜彦坤，赵继伦.日本农业结构变革及对当前中国农业转型的启示[J].世界农业，2020(8):52.

(3)机械化推广

①第一阶段:农业机械孕育期

二战后,日本处于经济恢复期,农业人口占比较大,人均收入不高。1955年,1.8千瓦—3.7千瓦的小型动力耕作机械替代了畜耕犁,标志着日本农业机械化的序幕已经拉开。经济高速增长、工业技术进步、土地改良等一系列的变化,使得农业机械,尤其是小型农业机械发展较快。

由于农业机械的应用,1951—1960年,日本水稻每公顷单产总体呈现上升趋势,增长了29.9%;每公顷用工数量(所需劳动时间)呈现出波动下降趋势,由1951年的2007时/公顷下降至1960年的1729时/公顷,减少了13.9%;每公顷水稻生产总成本呈平稳上涨趋势,增长了62.3%;物质与服务费用成本中的农机费占比由5.2%增加至8.2%;人工成本占比由47.2%减少至44.6%;土地成本由4.2%增长至6.4%;其他成本占比由3.8%增长至4.4%。

②第二阶段:农业机械发展期

大量农村劳动力向城市涌入,农业劳动力短缺,对农业机械的需求增加,日本开始研制各种农业机械。到1967年,日本基本实现了农业机械化,同一时期插秧机、联合收割机、烘干机、大中型拖拉机、农用汽车相继问世,农业机械向中大型机械发展。1961—1980年,每公顷单产呈现波动上涨趋势,增长了6.5%;每公顷用工数量呈现出快速下降趋势,由1961年的1670时/公顷下降至1980年的644时/公顷,减少了61.4%;每公顷水稻生产总成本呈现快速上涨趋势,增长了649.1%;物质与服务费用成本中的农机费占比由10.1%增加至22.2%;人工成本占比由45.8%减少至32.3%;土地成本由5.9%增长至16.8%;其他成本占比由4.0%增长至4.6%。

③第三阶段:农业机械成熟期

农村城市化加剧,人口属性特征明显,农民更加追求轻便、省力的农业机械,自动化程度高、易操作成了农机发展的方向。高度的农业机械化,提高了土地生产率和劳动生产率,促进了农村劳动力的转移。1981—2022年,每公顷单产除1993年、2003年受到自然灾害影响外,基本呈现平稳上涨趋势,增长了18.2%;每公顷用工数量呈现出下降趋势,由1981年的639时/公顷下降至2022年的216.3时/公顷,减少了66.2%;每公顷水稻生产总成本开始呈现平稳下降趋势,减少了23.8%;物质与服务费用成本减少了1.8%;人工成本减少了39.2%;土地成本减少了54.6%;其他成本减少了30.1%。

1951—2022年日本水稻每公顷单产与用工和成本变化趋势分别见图7-1、图7-2。

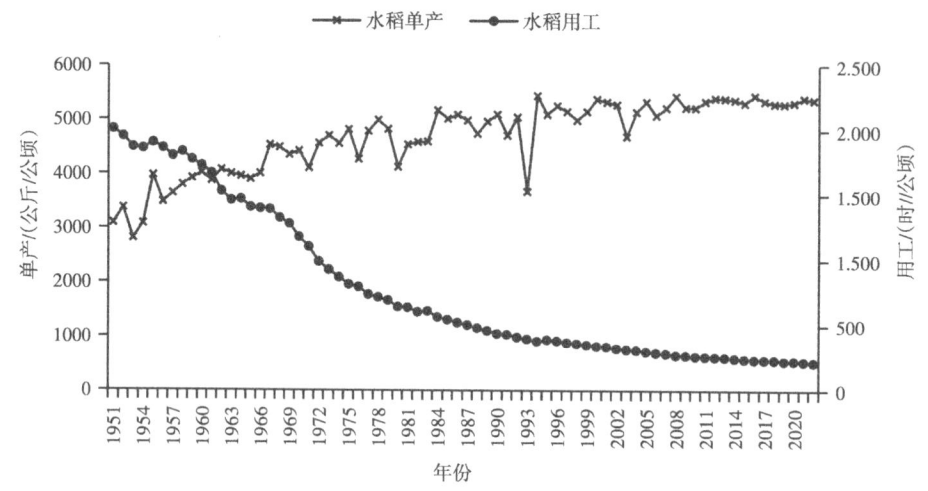

图7-1　1951—2022年日本水稻每公顷单产与用工的变化趋势

数据来源：日本农林水产省《农业经营统计调查》。

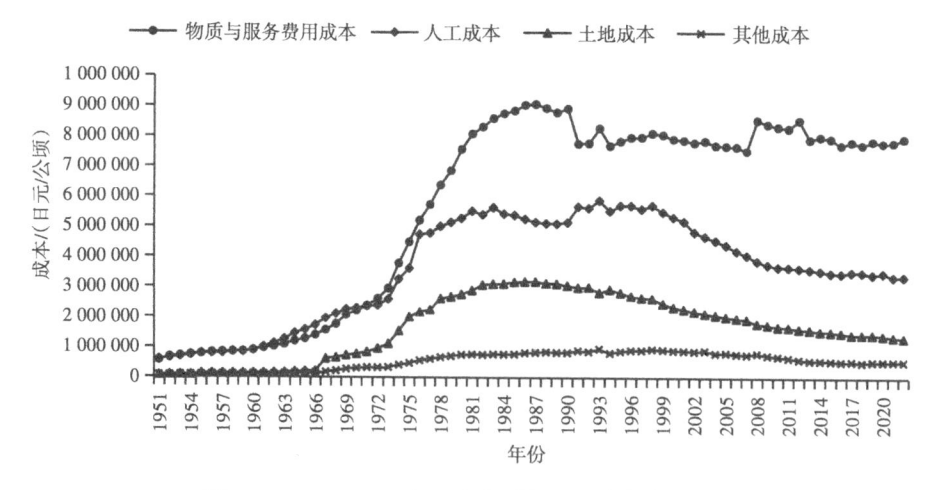

图7-2　1951—2022年日本水稻每公顷成本的变化趋势

数据来源：日本农林水产省《农业经营统计调查》。

## 2.发挥充分农协作用,健全农业社会化服务体系

(1)组织形式

日本农协由农民合作社组成,旨在维护和加强农业管理,本着互助精神,让农民的生计得到保障。在农业生产的整个过程中,为农民提供全方位的服务,致力于充当生产者和消费者对接的"中间人",帮助生产中心恢复生产活力,并保护社会与环境。日本农协由三个级别的合作社组成:基层农协(合作社)、都道府县级联合会和县级中央农业协同组合联合会组织,以及国家级联合会。日本农协不仅是一个服务于农户、农业与农村的综合性服务体系,还涵盖了金融部门、农业相关事业部门、生活及其他事业部门以及营农指导事业部门等多个领域。

(2)服务形式

日本农协的服务形式是多元化的,涵盖了从生产到生活的各个方面。金融部门为农民提供储蓄和信贷服务,帮助农户解决资金短缺问题;通过保险服务,减轻自然灾害等不可预见事件对农业生产的影响。农业相关事业部门提供生产资料、生活资料的购置,以及农产品的加工储存和销售服务;提供农业技术和经营指导,包括种植技术、畜牧养殖技术等,以提高农业生产效率和产品质量。生活及其他事业部门提供日常生活必需品的购买服务,如食品、衣物等;组织文化娱乐活动,丰富农村居民的精神文化生活。营农指导事业部门负责对农户的生产经营活动进行各种指导和协助,确保农业生产的顺利进行。随着时代的发展,日本农协不断拓展创新服务领域,如信息技术服务、环境保护项目等综合服务,以适应现代农业农村的发展需要。总而言之,日本农协通过其广泛的服务形式,有效地支持了农业生产,提高了农民生活水平,促进了农业农村的整体发展。

(3)销售形式

日本农协就像一个农业生产的大管家,指导社员种什么、选什么品种、怎么种,又对生产出来的农产品进行统一收购、加工、分拣、包装、销售,最后通过批发市场反馈的农产品相关交易信息,再有针对性地指导农户进行下一年度的农业生产。2021年的数据显示,日本市场上销售的农产品绝大部分由农协提供,日本相关农产品经由批发市场(农协)流向消费者的销售额比例,大米约占68.8%,小麦约占93.8%,水果约占89.0%,畜产品约占89.7%,表明日本农协在农产品市场有着决定性作用。(见表7-1)

表 7-1　日本农协的属性及表现形式

| 品种 | 当期销售总额/日元 | 农协销售额/日元 | 占比/% |
| --- | --- | --- | --- |
| 大米 | 746 863 541 | 513 783 190 | 68.8 |
| 小麦 | 77 270 774 | 72 460 943 | 93.8 |
| 杂粮、豆类 | 70 343 948 | 54 843 720 | 78.0 |
| 蔬菜 | 1 252 961 988 | 1 073 047 770 | 85.6 |
| 水果 | 430 517 266 | 383 006 505 | 89.0 |
| 花木 | 119 715 915 | 94 687 125 | 79.1 |
| 畜产品 | 1 356 011 956 | 1 216 691 162 | 89.7 |

数据来源：日本农林水产省2021年综合农协统计表。

### 3.保障主要粮食自给率，其他粮食适度进口

自1960年开始，日本食物自给率一直呈现下降趋势。到2017年，日本粮食自给率在40%左右，国民生活所需约60%的粮食依赖进口，饲料粮以及小麦的进口依赖度更高。[1]近年来，日本农业总产值占GDP比重不断下降，2023年，日本GDP约为4.21万亿美元，农业总产值仅占GDP的1%左右。同时，伴随着人均收入水平的提高，日本以家庭为单位的稻米消费逐年减少，其他粮食品种消费逐年上升，在一定程度上造成了日本对进口农产品的依赖。因此，日本政府将主粮稻米自给作为保障粮食安全的重点，通过实施高关税措施和国内保护政策来确保本国稻米的自给，其他粮食品种则放开进口。[2]

（1）日本食物自给率

借鉴潘希迁对日本食物自给率的分析方法[3]，从日本食物自给率的变化趋势（图7-3）看，以食物产值为基准的综合食物自给率、以食物热量为基准的综合食物自给率以及粮食自给率三条曲线呈现下降趋势，并有以下特点：

第一，1960年，日本各类食物自给率都处于一个较高的水平，综合食物自给率（产值基准）、综合食物自给率（热量基准）和粮食自给率均达到80%以上。

第二，1961—1992年，日本的食物自给率都呈现出了逐渐下行的趋势，综合食物自给率（产值基准）下降幅度相对较小，下降了17%，综合食物自给率（热量基准）和粮食自给率下降幅度较大，下降幅度分别为33%、53%。

---

[1] 转引自：刘云.日本的农村问题及农业政策[J].国际研究参考，2017(10):36.
[2] 安琪，朱晶，林大燕.日本粮食安全政策的历史演变及其启示[J].世界农业，2017(2):80-81.
[3] 潘希迁.基于食物自给率视角的日本农业现存问题的分析[J].世界农业，2017(1):58-65.

第三,1993年,日本食物和粮食自给率出现明显下降,主要是由于气候导致相关农产品严重歉收,综合食物自给率(产值基准)、综合食物自给率(热量基准)和粮食自给率均大幅度下降,下降幅度分别为4%、9%、7%。1994—2022年,三种食物自给率曲线均呈现出持续稳定窄幅震荡的走势。

第四,综合食物自给率(产值基准)、综合食物自给率(热量基准)均表示综合食物自给率的曲线,但它们的变化趋势却相反,1960年两者相差14%,2022年相差20%。

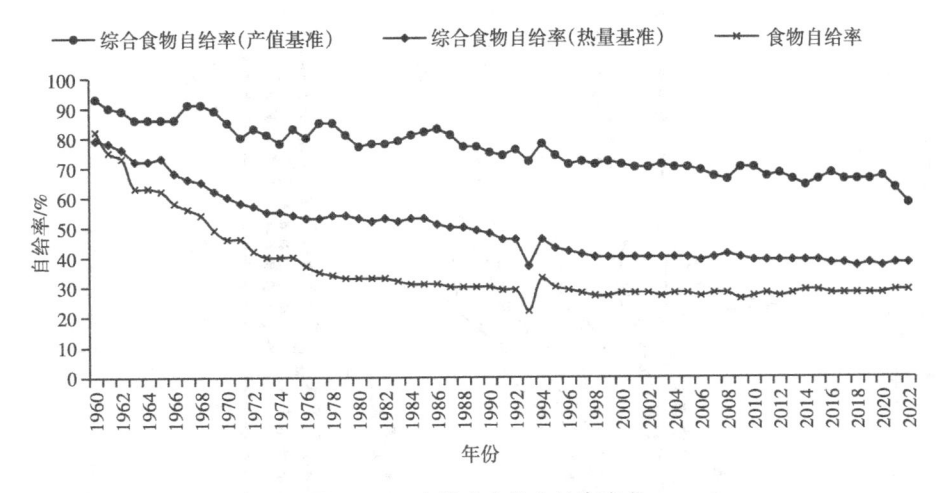

图7-3 日本综合食物自给率变化

数据来源:日本农林水产省食物供需表。

(2)日本食物分品种自给率

从日本食物分品种自给率的情况看,不同食物自给率差别相对较大。1960—2019年,大米和鸡蛋两类食物的自给率基本保持稳定,且实现基本自给;薯类、蔬菜、水果、肉类、鱼类前期自给率比较高,到后期均有所下降;小麦、杂粮、大豆、油脂类自给率均小于50%,但基本保持平稳。(见图7-4)

(3)日本食物分品种进口量

从日本食物分品种进口的情况看,1993年,由于自然灾害的影响,粮食歉收,导致粮食进口量在此期间大幅上升。总体来看,日本食物进口走势与食物自给率呈相反走势,一般自给率较高的食物品种,其进口量则会较低,反之亦然。如大米、薯类、鸡蛋、油脂类品种进口量均保持低位,小麦和杂粮等自给率较低的品种,其进口量一直处于高位,而蔬菜、水果、肉类、鱼类等均随着自给率的变动而呈现出反向变动。(见图7-5)

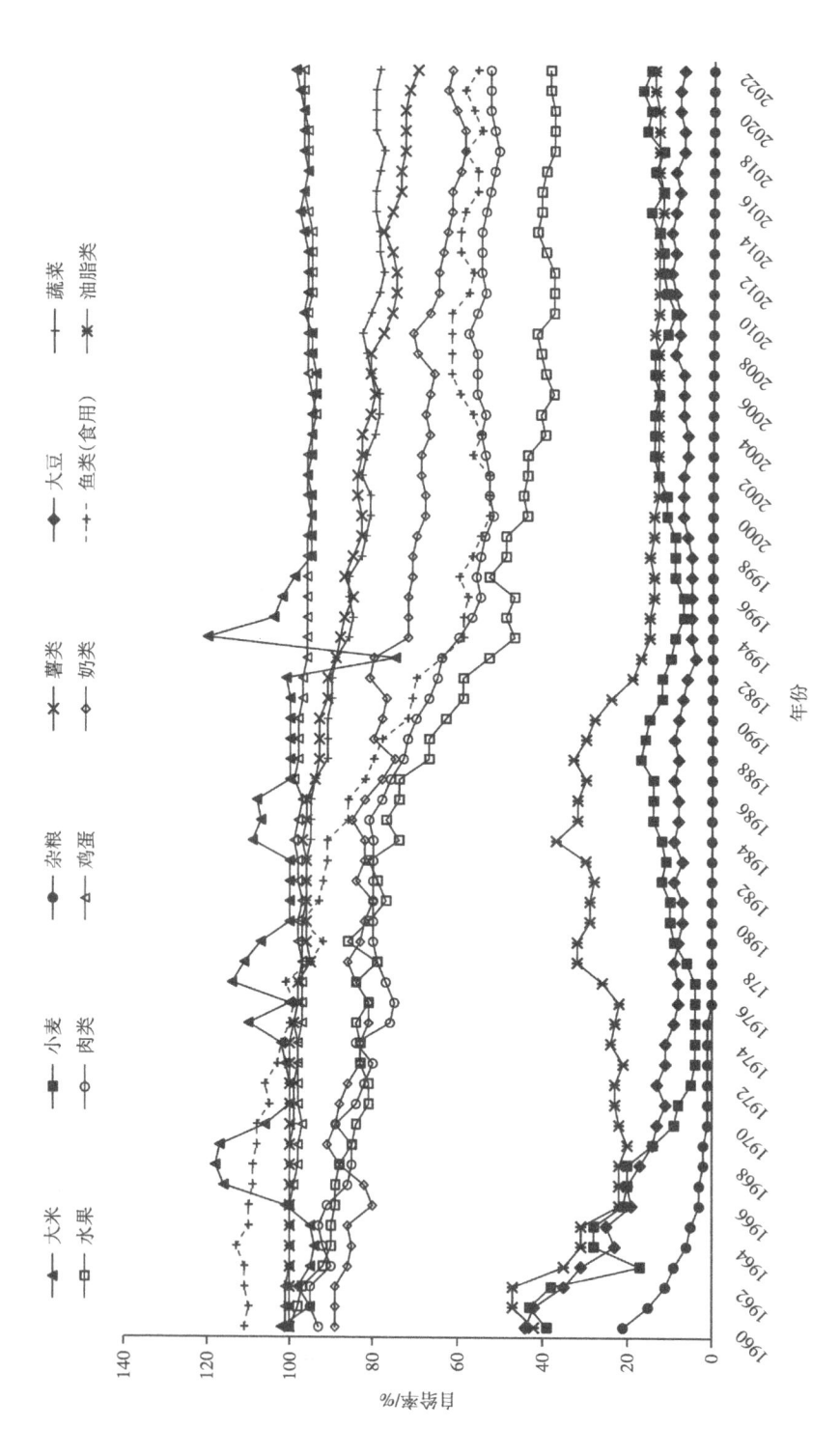

图7-4 日本食品分品种自给率变化

数据来源:日本农林水产省食物供需表。

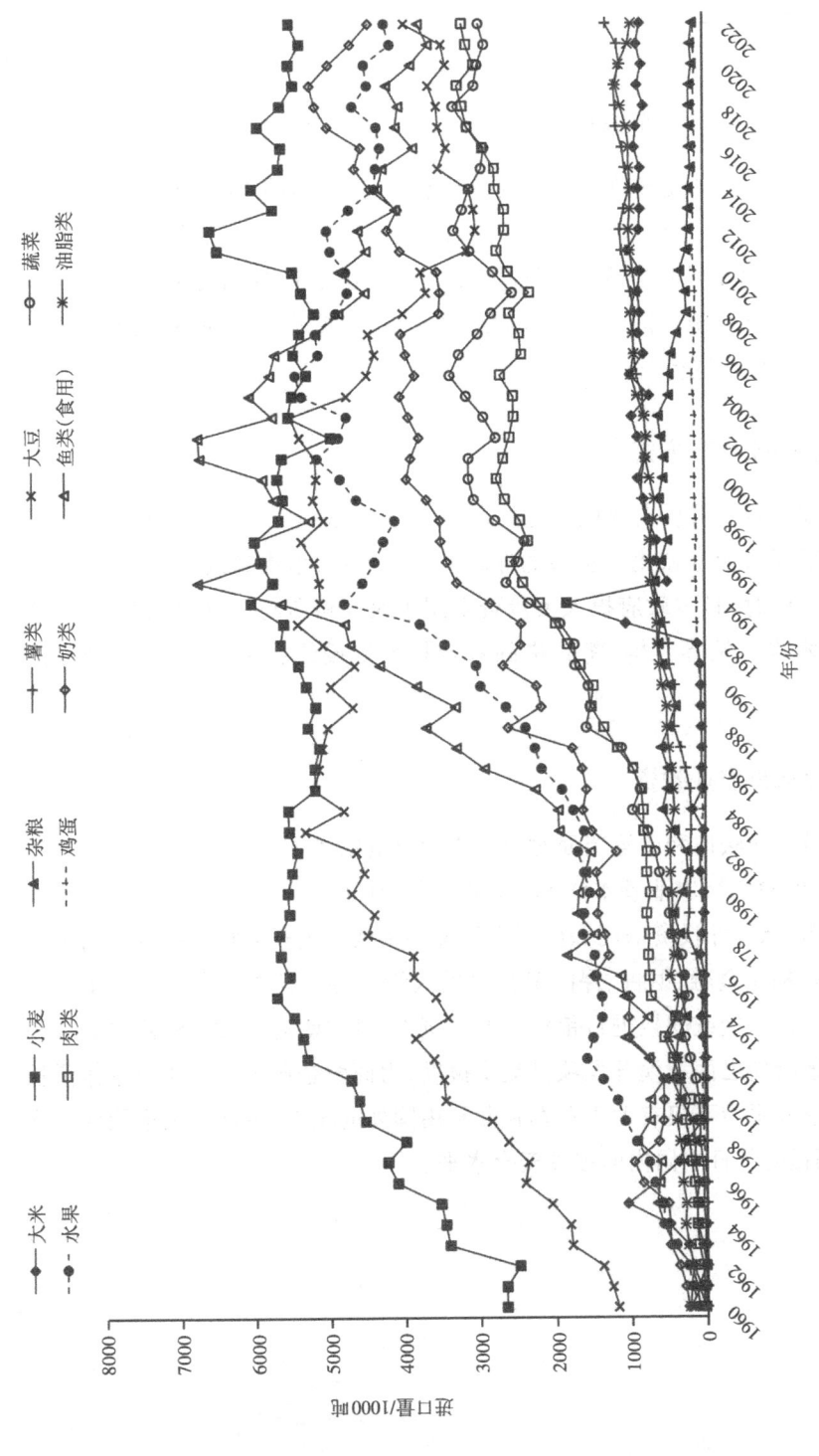

第七章 ▶ 国内外粮食产业发展典型案例

图7-5 日本食物分品种进口量变化

数据来源：日本农林水产省食物供需表。

## (二)经验启示

### 1.及时调整粮食安全策略

日本根据不同的发展阶段适时调整其粮食安全保障策略。例如,在战后恢复期,日本重视其国内粮食自给率,通过农地改革和土地改良提高农业生产力。随着经济社会的发展和全球化的推进,日本逐渐转变策略,注重提升潜在生产能力和利用海外资源。同时,日本的粮食安全保障策略具有动态性,能够根据国内外环境的变化进行及时调整。

### 2.加快转变生产方式

日本政府高度重视农业机械化的发展,早在1953年就制定了《农业机械化促进法》,确保农业机械化在法律的保障下正常发展,多次修改法律,以适应时代的发展。同时,日本政府投入大量资金用于农业科研与科研成果的推广,通过农业技术推广站等机构,将先进的农业技术传授给农民,以提高农业生产效率。

### 3.注重海外农业投资

日本政府从法律和政策层面对海外农业投资给予了大力支持。例如:通过制定《贸易保险法》《农业基本法》等法律法规,确保农业海外贸易规范化;日本政府还颁布了《境外投资信用保证制度》《境外拓展对策资金贷款制度》等,为海外投资企业提供金融、财税、保险等方面的政策支持。日本在海外建立了子公司或合资公司直接或间接进行粮食生产。例如,日本政府通过海外协力机构和民营银行连续向巴西荒漠开发项目提供援助,为商贸企业进入巴西农业作了长期铺垫。这些举措不仅有助于日本企业利用国外的土地、劳动力及采购成本优势,也大幅提升了日本国内的粮食安全水平。

## 二、我国典型省份保障粮食安全的经验启示

### (一)粮食主产区代表省份——黑龙江

黑龙江省是世界著名的三大黑土带之一,是中国耕地面积最大的省份。2023年,黑龙江省粮食生产实现"二十连丰",连续十四年位居全国第一。粮食播种面积1474.3万公顷,总产量7788.2万吨,单产5282.6公斤/公顷。其主要做法如下。

1. 构建农业标准化体系

完善"育、繁、推"一体化的"良种"体系、"种、管、收"集成化的"良法"体系、"用、养、护"多元化的"良田"体系、"一、二、三产"融合的"良园"体系;坚持系统化、集成化、精细化、标准化、信息化、智能化、绿色化、品牌化发展,持续巩固提升粮食生产能力。加快推广应用"六个替代、六个全覆盖"黑土保护措施,不断夯实粮食生产基础。大力集成新农业技术措施,创新研发提产增效的先进适用技术,实现以机械化为支撑的模式化栽培全覆盖。全面构建"良种良田良法良园配套、农机农艺农人农地融合、生产生态协调"的标准化、可复制的农业生产模式,为示范解决国家"三农"问题和实现农业农村现代化提供了参考。

2. 健全粮食安全保障制度

强化黑土地保护利用,出台了《黑龙江省黑土地保护利用条例》,为加强保护黑土地,更好地保障国家粮食安全提供了坚实的法制保障。通过了《黑龙江省粮食安全保障条例》,进一步提高了全省防范和抵御粮食安全风险能力,有利于促进粮食产业高质量发展。

3. 强化农业科技支撑

加强农业科技创新平台建设,聚集科研力量合作共建"四个实验室",围绕黑土地保护、育种、智慧农业以及食品产业关键问题靶向攻关,加快解决农业

"卡脖子"问题。重点强化数字技术在农业领域的应用,启动运行数字农场试点及数字农业创新示范基地建设,持续优化北大荒数字农业服务平台功能,全力推进高端智能农机装备的制造及应用,在探索数字农业产业发展上研用结合,加快普及全产业、全方位、全链条的数字化管控,率先走出实现农业现代化的坚实步伐。

## (二)粮食产销平衡区代表省份——山西省

近年来,山西省的粮食总产量稳步增长,播种面积逐年扩大,尤其是在小麦和玉米这两大主要粮食作物上取得了突破性进展。2023年,山西省粮食播种面积316.1万公顷,粮食总产量1478.1万公斤,单产4676.1公斤/公顷,产量和单产创历史新高。其主要做法如下。

### 1.发挥政策效应

实施耕地地力保护补贴、农机购置补贴、一次性种粮补贴等多项补贴政策,以提高农户和经营主体的种粮积极性。发布省级以上惠民惠农财政补贴资金"一卡通"政策清单,简化了补贴资金的发放流程,提高了政策的透明度和执行效率。

### 2.坚持"五良"融合

"五良"融合即良田、良种、良法、良机、良制的综合发力,目的在于提高粮食单产和农业效益。持续推进高标准农田和新增恢复水浇地建设,分区域建设小麦新品种展示评价基地,实施新型经营主体粮油单产提升工程,强化机耕机播作业规范化指导,制定并落实如《2024年山西省粮食作物大面积增单产行动方案》《小麦单产提升三年工作方案》等一系列政策措施。

### 3.完善基础设施

2023年,山西省建设改造高标准农田261.46万亩,其中新建完成175.86万亩,改造提升完成85.6万亩,完成新增、恢复水浇地60万亩,为粮食安全奠定了坚实基础。山西省农业农村厅与财政厅共同推动山西省新建农田高标准建设,

2023年,全省高标准农田建设财政补助标准亩均由1500元提高到1932元。

### 4.强化技术支撑

要求各地优化协同机制、完善服务网络、丰富服务形式,做好农技人员进村入户技术服务。全省农技人员包县包村包主体,到村到户到田头,送政策送技术送信息,精准细致做好全省农业生产技术指导服务。启动实施绿色高效生产、特色农产品加工等五个领域的农业关键核心技术攻关,不断加强农业科技创新和技术推广。

## (三)粮食主销区代表省份——福建省

福建省地处中国东南沿海,素有"八山一水一分田"之称,是典型的山地丘陵地区,耕地资源稀缺,人均耕地面积0.33亩,仅为全国平均水平的1/3,粮食年均消费量在2100万吨以上,产销缺口超过1600万吨,粮食自给率仅为23%左右。2023年,福建省粮食种植面积1261.65万亩,粮食产量511.00万吨,全省粮食安全综合考核连续三年全国第一。其主要做法如下。

### 1.强化种业创新

福建省有全国最大的杂交水稻制种基地县,建宁水稻种子获得全国首个水稻种子地理证明商标,水稻制种面积和产量均占全国的10%左右。自20世纪70年代末期起,建宁县开始涉足杂交水稻种子生产,经过四十多年的发展,已形成完善的制种技术和产业体系。

### 2.完善粮食储备体系

福建省人民政府印发了《福建省"十四五"粮食安全和物资储备发展专项规划》,规划提出从生产、购买、存储、运输、销售、节约等六个环节全面发力,形成粮食安全全方位的保障链条。当前,福建省已形成了较大规模的粮食储备,包括416万吨的地方储备粮和5.5万吨的食用植物油储备。

### 3.推动区域协同发展

福建省建立了粮食主销区对主产区的利益补偿机制和支持政策。发挥订单农业、就地加工、股份合作等利益联结方式的作用,通过产销协调促进粮食产业链、供应链与价值链融合,实现优粮优价和粮食产业就地增值。建立粮食主销区对粮食主产区的责任补偿基金,对粮食主产区因承担粮食安全主要责任而牺牲发展二、三产业的机会进行必要补偿,将"饭碗一起端、责任一起扛"落到实处。[①]

### 4.加强对外开放

福建省海域面积超过陆域面积,这是福建在临港工业、航运物流、远洋渔业等领域的对外合作方面具有的先天优势。福建省在粮食进口的过程中,密切关注国际粮食市场动态,及时调整进口策略,以应对国际市场变化带来的挑战。重视粮食进口基础设施的建设,提高通关效率,确保进口粮食能够快速、安全地进入福建省,进而分发到各个需求点。

## 三、重庆典型村庄发展粮食生产的经验启示

### (一)巴南区石滩镇方斗村:产业强镇引领型

#### 1.基本村情

方斗村位于石滩镇南部,分别与巴南区接龙镇、南川区神童镇和綦江区隆盛镇接壤,距镇政府所在地2公里、区政府驻地60公里。辖区现有7个村民小组,户籍人口1244户、3912人,常住人口1558人。总面积14.08平方公里,耕地面积9316.48亩,林地面积9236亩,森林覆盖率60%以上,平均海拔845米,主城

---

① 本刊编辑部.夯实福建省粮食安全根基的实践探索与推进策略[J].发展研究,2023,40(12):26.

第一高峰方斗山位于方斗村,海拔1138米,素有"巴县之巅"之称,年均气温只有15 ℃。全村农业产业优势凸显,形成了以水稻为主,糯玉米、豇豆、萝卜等为辅的农业产业体系,全产业链布局已基本形成。

### 2.水稻发展的实践探索

(1)推进"1+N"产业发展模式,以粮食产业为主,发展多元化农业产品

方斗村依托国家级农业产业强镇项目,进一步打造"石滩大米"强镇项目,建立了稻米"育秧、种植、加工"全产业链的发展模式,以进一步保障"石滩大米"的品质。

(2)注重品牌营销,加强宣传推广

"石滩大米"已获得国家地理标志和生产许可认证,大米产业初具规模。未来将进一步扩大种植规模,以带动石滩镇以及周边镇街农户共同打造高端"石滩大米"品牌,共享产业发展红利。

(3)发挥"三社融合"的积极作用,把农民组织起来

"三社"指信用社、供销社和合作社。"三社融合",即信用社负责解决生产上的融资需求,供销社负责实现优质农资统一配送和打通销售渠道,合作社则主要负责引导农民、村集体以土地和资金入股,发展高效农业。

### 3.存在的问题

(1)人才缺位

一方面,农村人口"老龄化"现象突出;另一方面,镇村级专业型人才不足;还存在技术型人才接续问题。

(2)农业设施用地指标紧张

如育苗中心、冷链设施等建设用地需求不能得到满足。

(3)农产品实现商品化的难度较大

直接售卖农产品,其销售价格相对较低,而将农产品进行加工包装后出售,则会提高农产品的售价。难点在于,若将农产品进行包装出售,必须取得相关资质,否则会被认定为"三无"产品。而对农民而言,取得相关资质的程序较为复杂。

### 4.发展启示

方斗村打造产业强镇,发展以粮食为主的"1+N"产业发展模式,有利于形成显著的产业集群效应。近年来,该村已形成以水稻为主,糯玉米、豇豆、萝卜等为辅的农业产业体系,并在传统农业的基础上,不断植入新的产业体系,探索出了一条一、二、三产融合的发展道路,有利于资源的集约化利用,大幅提升了产业附加值和产业效益。对于产业基础较好的村庄具有典型样本意义。

## (二)南川区福寿镇大石坝村:专业合作社引领型

### 1.基本村情

大石坝村位于南川区北部乡镇中的福寿镇中心,总面积10.5平方公里,下辖8个农业社,总人口3199人,1079户,是福寿镇政治、经济、文化中心村。耕地面积6769亩,其中水田4896亩、旱地1873亩。林地面积4879亩,水域面积651亩。大石坝村是典型的纯农业村,全村粮油种植主要以水稻、油菜、玉米为主,其中具有典型代表性的重庆市南川区康茂水稻种植专业合作社有优质稻核心种植基地2000余亩,油菜种植500余亩落户本村,切实带动了全镇水稻、油菜种植规模化。此外,以大石坝高桥水库、杨家桥水库为代表的淡水鱼养殖水面达300余亩。

### 2.水稻发展的实践探索

(1)合作社引领模式

2021年,康茂水稻种植专业合作社实现总收入79万元,纯收入19万元,社员单水稻种植户均增收1446元,合作社实现了社员数量、优质稻种植面积、社员收入等"三个逐年增加"。合作社鼓励农民参与到合作社的经营管理中来,不断发展壮大合作社,为当地农民提供便捷、优质的服务,如统一选用优质品种、统一采购生产物资、统一开展生产服务等,有效降低了水稻生产成本。

(2)探索定制农业

依托合作社,探索尝试稻田"私人定制"模式,按每年每亩定价与客户签订协议,全程公开定制种植过程。一次性定价,合作社按每年每亩1780元给农户一次性保底订单,同时开展"私人定制"会员招募活动,以每年每亩2180元的价格与定制会员签订协议。为保障定制会员的水稻产量,合作社与定制客户签订协议后,保底产量800斤/亩,高于800斤/亩的部分也归定制客户,低于800斤/亩则由合作社补足800斤/亩。为解决客户一次性收到大米过多难以保存的问题,合作社为定制种植户提供了10个月内仓储,并建立了大米加工厂,分批次为客户加工配送大米,实现从生产、加工到配送的高品质服务。

3.存在的问题

一是青壮年劳动力缺乏,大石坝村在村的村民大都为60—70岁的老年人。

二是撂荒地仍然存在,且复耕成本较高,复耕后又存在谁来种粮的问题。

三是农田基础配套设施建设与生产实际不匹配,如1.8米的机耕道不适合大型农用机器使用等。

四是由于项目建设实行"先建后补"扶持政策,建设主体的资金压力较大,每年都需要先垫资40万—50万元。

4.发展启示

大石坝村的水稻产业在专业合作社的带动下呈现出良好的发展势头。该村在产业升级过程中,不仅植入了科学的现代技术及耕作模式,还探索尝试了稻田"私人定制"这样的新商业模式,为产业转型升级持续注入活力。这类专业合作社引领模式具有典型样本意义。

### (三)酉阳土家族苗族自治县龙潭镇桐岭村:农业科技专家引领型

1.基本村情

桐岭村地处酉阳土家族苗族自治县东部、龙潭镇西南侧,由原桐岭村、葡萄村、屋基村合并而成,下辖8个村民小组,共872户、2839人。总面积16.8平方公里,与龙潭镇丹泉村、柳家村、花莲村、板溪镇山羊村等地接壤,距离龙潭镇政府驻地0.5小时车程,距酉阳土家族苗族自治县政府驻地1小时车程,距包茂高速龙潭互通15分钟车程。村内土地利用类型以林地为主,面积1056.45公顷,占全村面积的62.88%;耕地面积460.56公顷,占全村面积的27.41%;全村永久基本农田保护区面积415.55公顷,占全村耕地面积的90.2%。该村现有井岗垭梯田水稻1000亩、高山油茶400亩、生猪1200头、肉牛200头、山羊800只、蜜蜂500群及1个村级乡村振兴车间。

### 2.贡米发展的实践探索

（1）突出科技专家引领

重庆市农科院水稻专家姚雄担任桐岭村驻村第一书记后,为解决错过水稻播种育秧时间导致无法开展水稻新品种试验的难题,为桐岭村提供了高品质优质水稻秧苗和稻种。同时,发动种粮大户积极开展500米海拔移栽、900米海拔直播等试验。

（2）推进品牌建设

桐岭村申请了"山水桐岭"公共商标和井岗垣"酉丘田"大米商标。

（3）签订购销合同

粮食收购企业提前与农户签订购销合同,在企业收购后国家对农户还有一定比例的补贴。笔者通过调研了解到,企业的稻谷收购价为2元/斤,农民卖出后国家再按照收购价的30%对农民进行补贴,农民的销售价相当于2.6元/斤。

（4）立足"生态种养循环"的定位

桐岭村秉持"产村景"一体的理念,以"产业生态化、生态产业化"为发展路径,积极争取市、县有关政策项目,主抓井岗垣大米产业振兴,重点恢复井岗垣大米核心产地。

（5）探索产业化联合体

例如,通过"农民专业合作社+村集体经济+农户"的模式,形成高档优质大米特色主导产业,发展壮大集体经济。

### 3.存在的问题

一是不少村民外出务工,撂荒地多,土地条件较差,开荒成本高,平均成本达到1500元/亩。

二是当地交通不便,贡米的运输成本较高。

三是当地劳动力成本较高,为每人200元/天。

四是灌溉较为困难。

### 4.发展启示

桐岭村在农业科技专家的引领下,通过良种培育、新技术的推广等,推进贡米产业由增产导向转变为提质导向,特别是在贡米生产方面坚持"产业生态化、生态产业化",不断推动当地贡米产业走向优质化和品牌化的高质量发展道路。该村通过农业科技专家引领模式,加强了对农业新品种、新技术的推广应用,实现了贡米产业的高质量发展,具有典型的样本意义。

# 第八章

## 重庆粮食产业发展实证分析

# 一、种粮效益分析

分析方法：通过利用实地调查数据，采用相关统计模型，从种稻农民生产行为决策的微观角度出发，定量分析不同因素对农户生产行为决策的影响程度；通过对重庆种稻农民行为变化影响因素的分析，进一步明确未来提高农民种粮效益的现实路径。

分析样本：对巴南区石滩镇方斗村、南川区福寿镇大石坝村、酉阳土家族苗族自治县龙潭镇桐岭村等3个区县典型村庄的种稻农民开展了调查，并在江津区、梁平区以及重庆市农科院水稻研究所等地点开展了专题访谈。采用问卷调查及专题访谈相结合的方式，调查了方斗村、大石坝村、桐岭村这3个典型村庄受访农民2021年度的水稻种植情况，共发放问卷80份，收回75份，其中有效问卷73份，有效率为97%。问卷主要围绕种稻农民的基本信息、生产经营情况、影响种稻积极性的因素等内容展开。同时，进一步了解农民在种稻过程中亟待解决的问题，以及他们对稳定水稻种植面积、提高种粮积极性等方面的建议。在此基础上，对调查结果进行描述和统计性分析。

## （一）基本情况分析

### 1.年龄、文化程度等因素会在一定程度上影响农民的种稻积极性

调查分析表明，种稻农民以男性为主，占84%，女性仅占16%；种稻农民年龄普遍偏大（图8-1），平均年龄为63岁，50岁及以上占92%；如图8-2所示，种稻农民的文化程度多为小学及以下水平，占47%，其次是初中，占39%。随着年龄的增长，农民的种稻积极性会逐渐降低，主要是身体、子女劝说放弃种稻等原因造成的；文化程度较高的农民更愿意选择外出务工，而不是在家种稻。

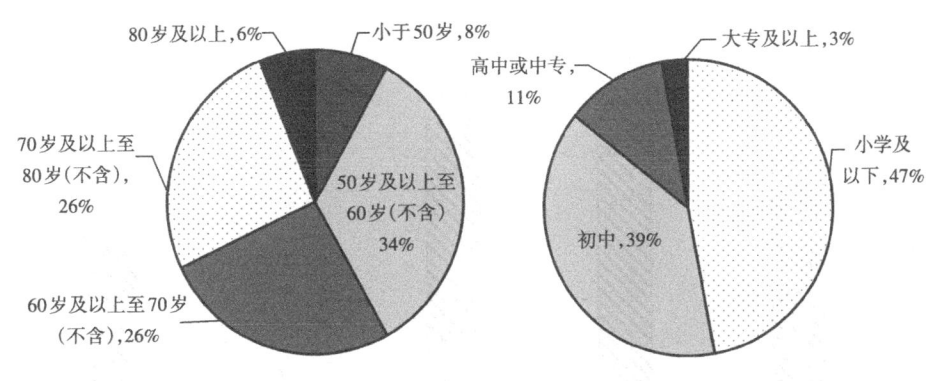

图 8-1 种稻农民的年龄分布情况　　图 8-2 种稻农民的文化程度

**2.种粮收入在家庭收入中的占比较低,且粮食补贴占比极低**

从家庭收入看,种粮收入占家庭总收入的 45%,种稻收入占种粮收入的 73%;粮食各类补贴收入占比不到家庭总收入的 5%,且农机补贴占比极低。在种粮效益不高的情况下,农民仍然继续种粮的主要原因是满足家庭日常的谷物需求。

## (二)生产经营情况分析

**1.耕地主要呈现分散化、细碎化,流转可提高利用率**

调查分析表明(图 8-3),超过半数的农户均耕地面积在 5 亩以下,占 54%。同时,有 58% 的种稻农民流转了土地,其流入土地的对象主要为常年外出务工的其他农民,且基本无流转费用。无论是自有土地,还是流转土地,其土地利用率都较高,超过 90%。重庆市大多数耕地呈现分散化、细碎化的特点,撂荒地多为地块条件极差且不适合粮食种植的土地,而土地流转能够在一定程度上提高土地利用率,实现适度的规模化。调研发现,农户与农户之间的土地流转,基本上没有签订任何正规的土地流转合同或是纸质凭据,仅有口头协议,这在一定程度上可能影响土地流转的稳定性。

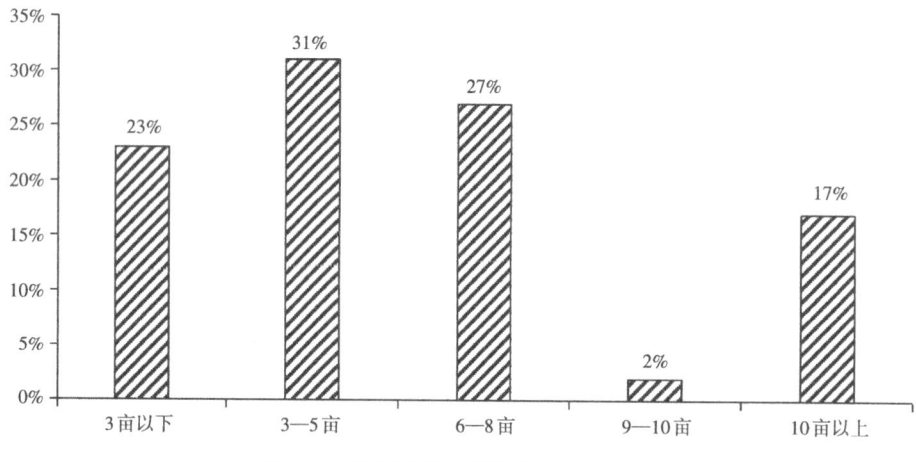

图8-3 种稻农民的耕地登记面积情况

**2. 种稻面积与粮食补贴之间的关联性不大**

根据问卷调查和访谈所了解的生产情况看,近70%的农民表示近年来其种稻面积基本上无变化,其种稻面积与种粮补贴之间的相关性并不高,主要原因是部分农民将土地流转后仍然能获得补贴资金,而实际种稻的农民却得不到种粮补贴。

**3. 生产成本高企,农资价格较高**

90%以上的种稻农民认为农资价格较高,仅不足10%的种稻农民认为农资价格较合理。若不计人工成本和土地成本等,仅计物质与服务费用成本,问卷所调查的种稻农民2021年水稻种植的平均成本为360元/亩。笔者通过调研了解到,种稻大户2021年水稻种植的平均物质与服务费用成本为300元/亩、平均人工成本为650元/亩、平均土地成本为500元/亩。

**4. 适度规模化种植,有利于降低生产成本**

参加了农民专业合作社的农民所种植的水稻平均亩产要高于水稻种植散户的平均亩产。参加了合作社的农民,其水稻平均亩产为1000斤,未参与合作社的农民,其水稻平均亩产为800斤。调研结果表明,农民专业合作社在帮助种稻农户增产上起到了积极作用,其通过统一采购农资、定期开展培训等方式,在降低农民生产成本的同时,还帮助农民提高了种植技术水平。

### 5. 稻谷在加工、仓储、运输等环节存在减损风险

从加工情况看,大部分农民没有专业的加工烘干设备,特别是在烘干环节,97%以上的农民采用直接在晒坝晾晒的自然烘干方式。在储粮方式的选择上,98%以上的农民选择家庭简易储粮方式。有些区县由于没有足够的仓储设施,需要将稻米运送至其他区县进行存储,运输过程中存在一定的损耗,也增加了成本。

### 6. 稻谷销售渠道单一,收购价格未到达预期

如图 8-4 所示,46%的农民种植水稻主要是自给自足,44%的农民在自给自足的基础上,将多余稻谷拿去销售。销售稻谷的农民,其主要的销售对象为个体商贩,占61%,其次是合作社和粮食加工企业,分别占21%、18%。(图8-5)60%的农民未提前确定稻谷购销意向或联系销路,35%的农民认为稻谷销售较为困难。调查结果表明,稻谷收购价格与农民的预期还存在差距。贡米产区稻谷的平均收购价格为3.8元/斤,而种稻农民希望平均收购价能够达到4.8元/斤;普通稻谷产区稻米的平均收购价为1.5元/斤,而种稻农民希望平均收购价能够达到2.2元/斤。

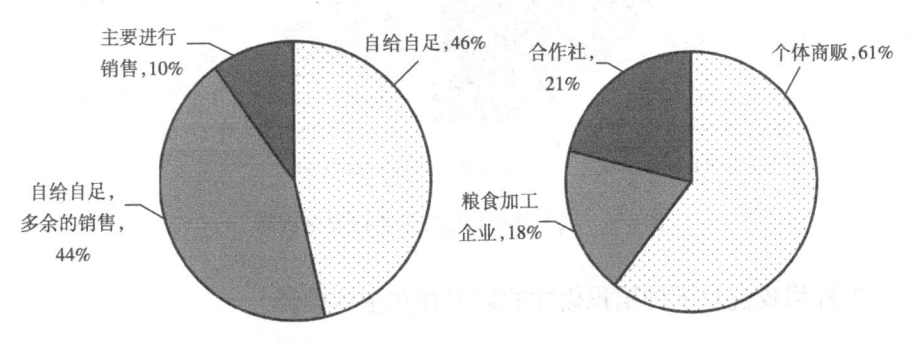

图8-4 种植水稻的主要用途　　图8-5 稻谷的主要销售对象

## (三)影响种稻农民积极性的因素分析

**1.农民种稻积极性受到多种因素的共同影响**

调查发现,对农民种稻积极性产生负面影响最主要的三个因素为农田配套设施建设(如便道、灌溉等)滞后、缺乏青壮劳动力以及土地零碎且难以规模化。此外,种粮效益不够稳定、缺乏山地农机装备(稻谷种植、收割装备等),以及种粮补贴额度小、发放时间与实际生产不匹配等因素也对农民种稻积极性产生了负面影响。同时,稻谷烘干加工条件不足、政策性农业保险、市场对接渠道不够畅通等因素也对农民种粮积极性有一定的负面影响。详见图8-6。

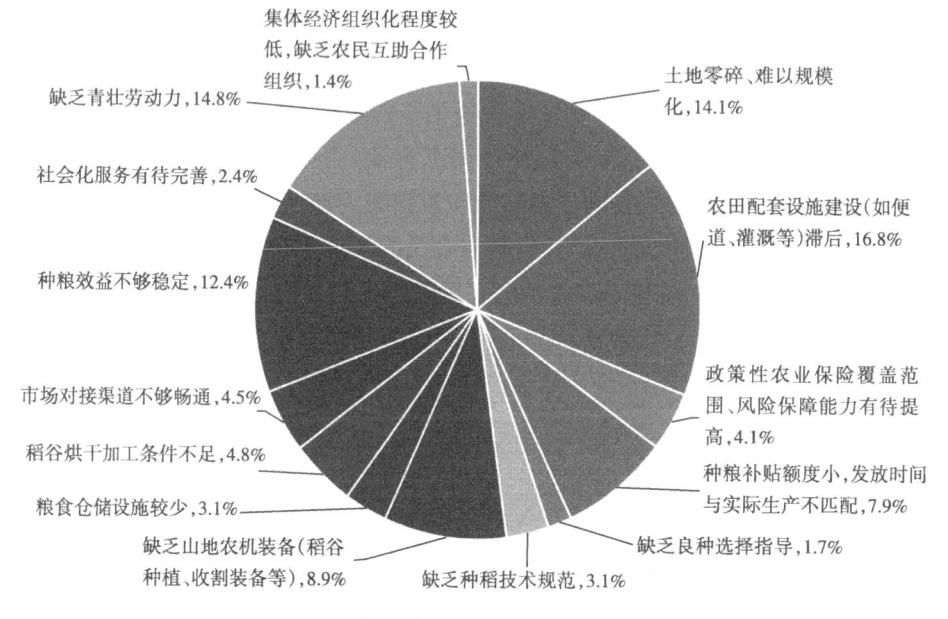

图8-6 农民种稻积极性的负面影响因素

**2.种稻效益对于种稻积极性的影响存在主体差异**

23%的农民对种稻收益持满意态度,不满意的占37%(图8-7)。总体而言,绝大部分农民对来年种稻的积极性较高,仅10%的农民表示种稻意愿不强(图8-8)。若未来不再打算种稻,34%的农民愿意将土地流转给村集体,其次是企业、合作社等新型农业经营主体(图8-9)。结合问卷调查和访谈,笔者了解到,无论是种稻农民还是专业合作社均表示农资价格逐年上涨,使得种稻成本不断上涨,种稻收益微乎其微。通过进一步调查分析发现,种稻收益高低对于自给自足的种稻农户并无太大影响,而对于从事稻谷销售的种粮农民、专业合作社等主体有一定影响,而这部分生产主体可能是未来扩大粮食生产面积的主力军。

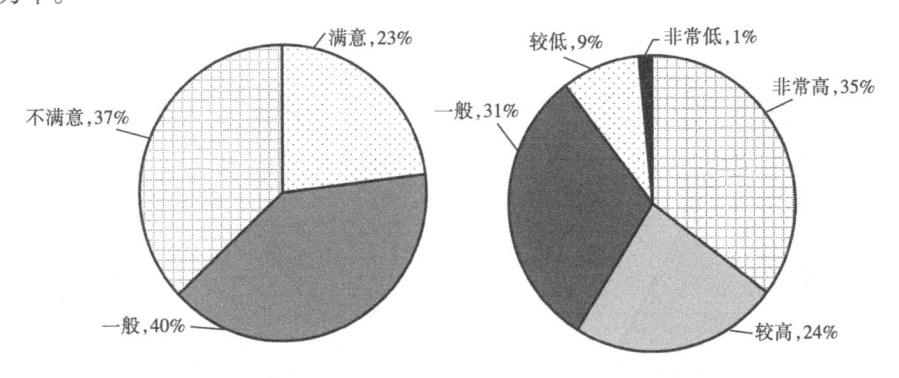

图8-7 农民对种稻收益的满意度　　图8-8 农民来年的种稻积极性

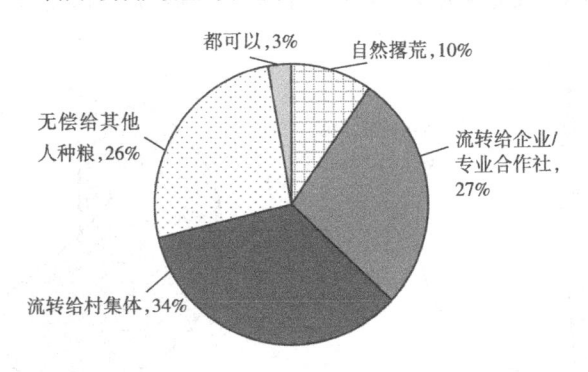

图8-9 不种粮后农民对于承包地处理方式的选择

### 3.粮食补贴、保险等政策效应有待充分发挥

调查还了解了关于种稻补贴、农机补贴、政策性农业保险等的效果。

在粮食补贴额度方面,42%的农民持比较满意的态度,38%的农民持一般态度。(图8-10)60%的农民表示如果国家进一步加大种稻补贴力度,自己愿意进一步扩大水稻种植面积;34%的农民表示仍会保持现有种植规模。(图8-11)

在农机补贴方面,大多数种稻农民未购买农机设备,因此获得农机补贴的农民极少。52%的农民认为若未来国家进一步加大农机补贴,应该重点关注水稻种植环节的农机补贴。(图8-12)

在农业保险政策方面,48%的农民表示自己种植水稻时购买了农业保险,购买保险的这部分种稻农民中,有35%对农业保险政策持满意态度。(图8-13)据调研了解,部分农民认为农业保险在理赔程序上较为烦琐,导致理赔缺乏及时性。可见,相关补贴政策需充分发挥政策效应,重点聚焦农民需求,进一步优化完善。在农业保险政策保障上,未来需要重点围绕理赔环节加以完善。

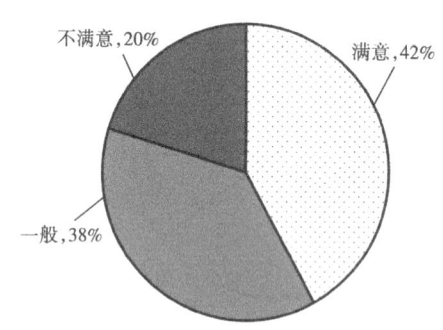

图8-10 农民对补贴额度的满意度
(满意,42%;一般,38%;不满意,20%)

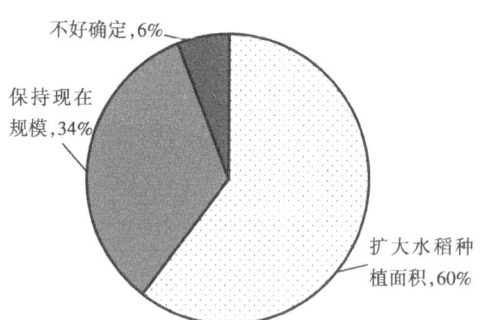

图8-11 国家加大补贴额度后的生产选择
(扩大水稻种植面积,60%;保持现在规模,34%;不好确定,6%)

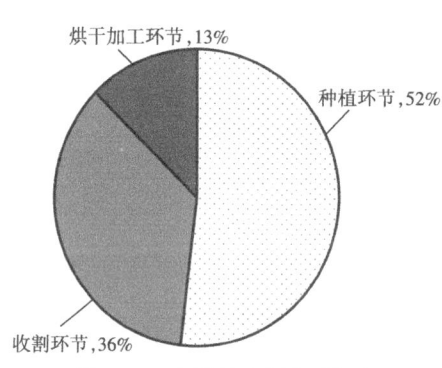

图8-12 农民认为国家需加大农机补贴的环节
(种植环节,52%;收割环节,36%;烘干加工环节,13%)

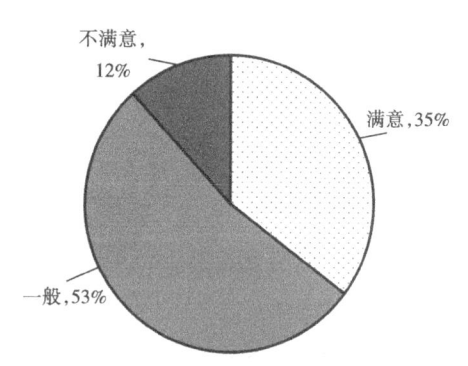

图8-13 农民对于农业保险政策的满意度
(一般,53%;满意,35%;不满意,12%)

## 二、消费偏好分析

### (一)问卷设计

调查问卷设计主要是为了了解不同消费群体对不同档次水稻产品的消费倾向,对不同品质水稻产品的消费意愿、消费能力及消费潜力。在整理和分析有效调查问卷的基础上,得出调查结论,从而以消费倒推生产,为提出水稻产业供给侧结构性改革的总体思路提供实证支撑。

#### 1.消费者基本信息调查

这部分的内容包括6个问题:性别、年龄、所在区域、受教育程度、职业、家庭年均可支配收入。

#### 2.消费者购买大米情况调查

这部分意在了解重庆城镇居民对大米的日常消费情况和消费习惯,主要设置了5个问题:"您家里的大米通常由谁购买?""您家一般在什么地方购买大米?""您家里主要购买哪种包装的大米?""您平时购买的大米规格是哪种?""您一般购买哪种大米?"

#### 3.影响消费者购买大米的因素

这部分主要设置6个问题:"您购买大米主要考虑哪些因素?(多选题)""您更喜欢哪种口感的米饭?""您家里购买大米是否会经常更换品牌?""您会因为品质和口感而选择价格偏高的大米吗?""您能接受的大米价格为多少钱一斤?""您对外包装的具体要求是什么?"

#### 4.消费者对高品质大米的认知程度和购买意愿

本部分主要设置3个问题:"您是否听说过绿色有机无污染的高端精品大米?""您选择购买此种高端精品大米的原因是什么?(多选题)""你对此种高端

精品大米的可接受价格区间是_____?(填空题)"。

## (二)样本选取

使用的数据来自抽样调查,在抽样调查的过程中,考虑到消费者行为特征的具体情况,以及数据的可获得性,问卷调查采取了线上调查方式。通过专业问卷应用程序"问卷星",利用微信等平台发布问卷链接,被调查者通过链接即可开始问卷填写。

## (三)调查数据统计分析

问卷调查一共收回电子问卷131份,其中有效电子问卷129份。

### 1.样本基本特征分析

在调查样本中,男性被调查者共44人,占34.11%,女性被调查者共85人,占65.89%。

从年龄层次看,28岁以下的占到14%左右,29—55岁的占30%左右,55岁以上的占到56%左右。

从所在区域看,主城49人,占37.98%,渝西4人,占3.10%,渝东北75人,占58.14%,渝东南1人,占0.78%。

从受教育程度看,初中及以下7人,占5.43%,高中42人,占32.56%,大专29人,占22.48%,本科29人,占22.48%,硕士及以上22人,占17.05%。

从职业来看,公务员或事业单位32人,占24.81%,企业员工47人,占36.43%,私营业主2人,占1.55%,自由职业18人,占13.95%,其他30人,占23.26%。

从家庭可支配年收入看,10万元以下73人,占56.59%,10万—20万元(不含)33人,占25.58%,20万—30万元(不含)17人,占13.18%,30万元及以上6人,占4.65%。

### 2.购买大米习惯分析

从被调查者购买大米的情况看,自己购买大米的有97人,占75.19%,由长辈购买的有14人,占10.85%,由配偶购买的有14人,占10.85%,由亲戚朋友或其他途径赠送的4人,占3.10%。

从购买地点看,在大型超市中购买有85人,占65.89%,在社区超市购买的有12人,占9.30%,在农贸市场购买的有5人,占3.88%,在淘宝、京东等网上购买的有15人,占11.63%,进行社区团购(例如:美团优选、多多买菜等)的有3人,占2.33%,选择其他购买方式的有9人,占6.98%。

从对包装的选择看,选择买散装大米的有27人,占20.93%,选择买包装袋的有98人,占75.97%,选择其他的有4人,占3.10%。

从购买规格看,选择1公斤以下的7人,占5.43%,选择2.5公斤的14人,占10.85%,选择5公斤的72人,占55.81%,选择10公斤的25人,占19.38%,选择10公斤以上的11人,占8.53%。

从购买形状看,选择圆粒米的12人,占9.30%,选择长粒米的39人,占30.23%。

从购买品种看,选择五常大米的21人,占16.28%,选择东北大米的48人,占37.21%,选择进口大米的5人,占3.88%,选择其他品种的4人,3.1%。

### 3.购买大米影响因素分析

从购买大米主要影响因素看,口感是最重要的影响因素,有80人将口感作为购买大米考虑的因素,占到62.02%。其次是品牌、安全性、价格、产地因素,分别占45.74%、41.86%、41.09%、41.09%,营养这一因素占到34.11%,规格因素占到6.20%,包装因素占到13.18%。(图8-14)

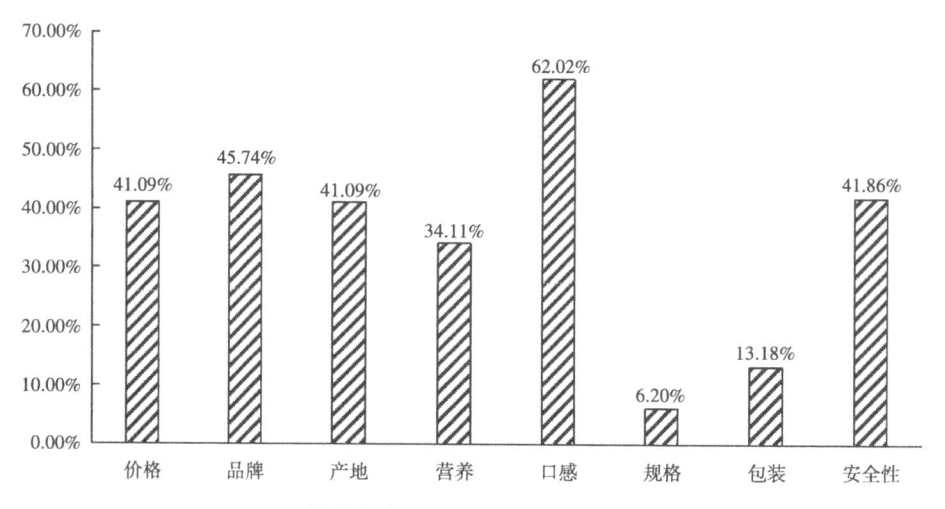

图8-14 被调查者购买大米的主要影响因素(多选)

从口感偏好看,喜欢有嚼劲的26人,占20.16%,喜欢有弹性的29人,占22.48%,喜欢有黏性的28人,占21.71%,喜欢松软的38人,占29.46%。

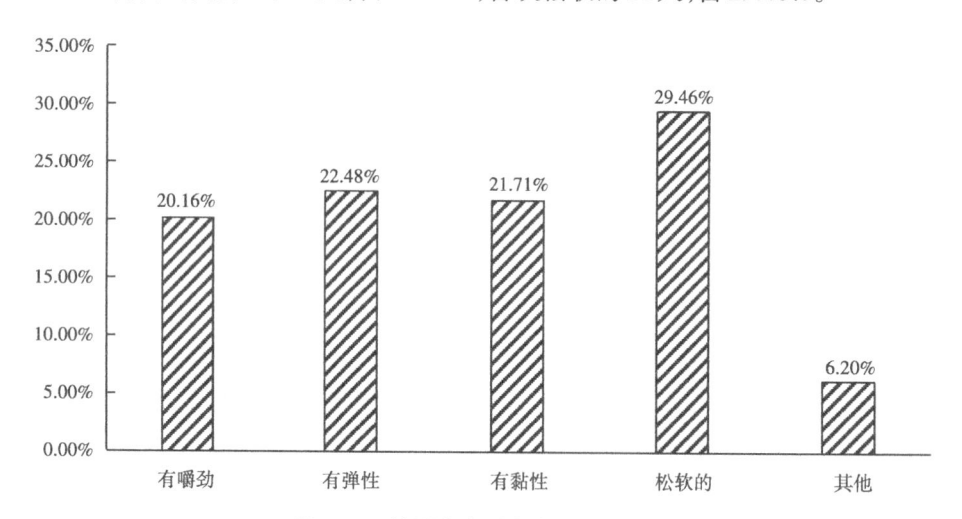

图8-15 被调查者对大米口感的偏好

从品牌偏好看,被调查者中的64人表示会因为大家公认的好品牌,而尝试更换大米品牌,占49.61%,39人表示不会轻易更换大米品牌,占30.23%,14人表示会因为有意思的包装而尝试更换大米品牌,占10.85%。调查情况详见图8-16。

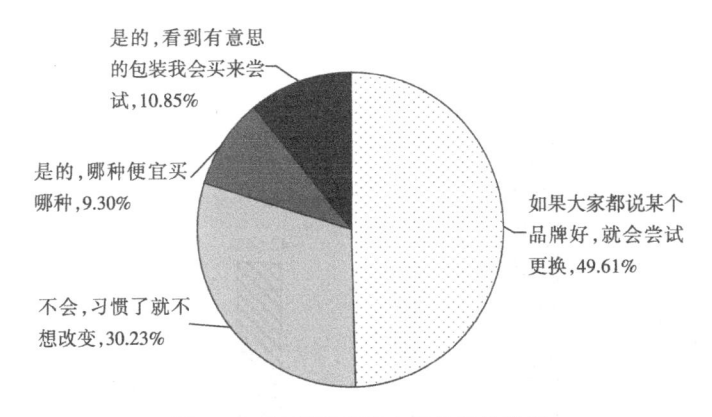

图8-16 被调查者对大米品牌的偏好

从价格偏好看,接受3元/斤以下大米价格的36人,占27.91%,接受3(不含)—4元/斤大米价格的42人,占32.56%,接受4(不含)—5元/斤大米价格的20人,占15.50%,接受5(不含)—8元每斤大米价格的22人,占17.05%,接受8元/斤以上大米价格的9人,占6.98%,详见图8-17。

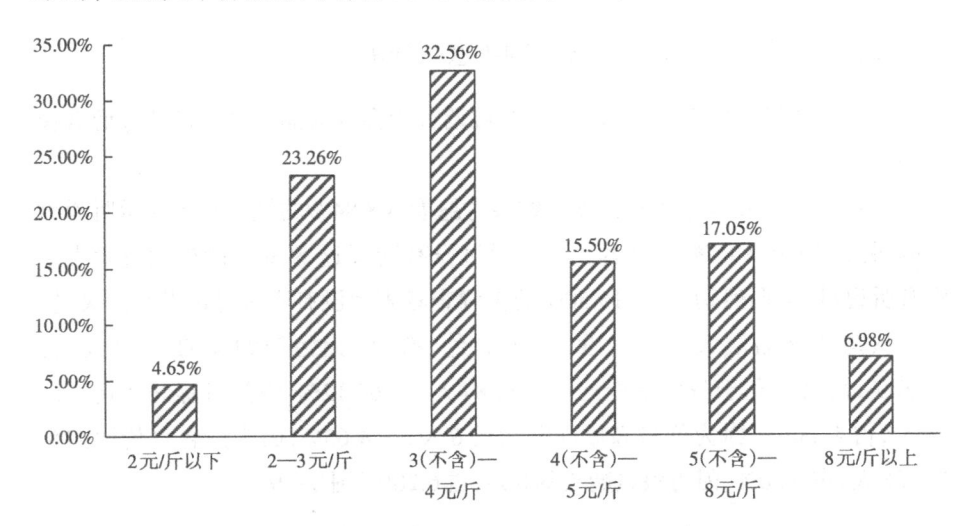

图8-17 被调查者对大米价格的接受程度

从大米包装偏好看,密封性好是被调查者最看重的因素,共91人选择,占70.54%,42人选择结实耐用的包装,占32.56%,49人选择方便携带的包装,占37.98%,55人选择产品信息全的包装,占42.64%,40人选择透明度好的包装,占31.01%,23人选择美观大方的包装,占17.83%。(图8-18)。

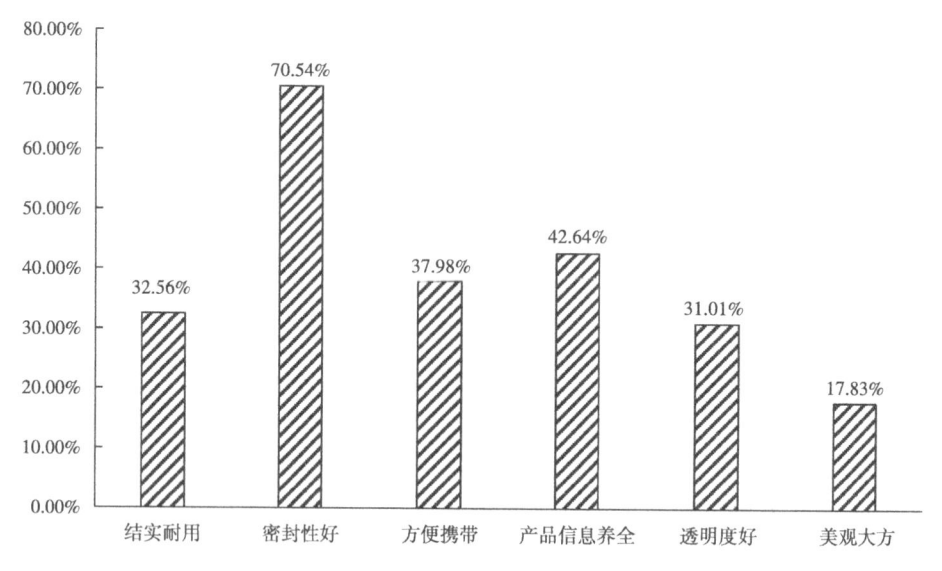

图 8-18 被调查者对大米包装的偏好（多选）

### 4.对高品质大米的认知程度和购买意愿分析

从品质和口感的偏好看，79.84%的被调查者会因为品质高和口感好而选择价格偏高的大米。

从对高品质大米的认知程度和购买意愿看，48.84%的被调查者表示听说过也购买过，26.36%的被调查者表示听说过没有购买过，9.30%的被调查者表示没有听说过，但偶然购买过，15.50%的被调查者表示没有听说过也没有购买过。

从购买高品质大米原因看，因为绿色、有机、无污染购买的有74人，占57.36%，因为有利于身体健康购买的有84人，占65.12%，因为口感好而购买的54人，占41.86%，因为价格高原因购买的6人，占4.65%，因为广告宣传而购买的有8人，占6.20%，因为跟风购买的8人，占6.20%（图8-19）。

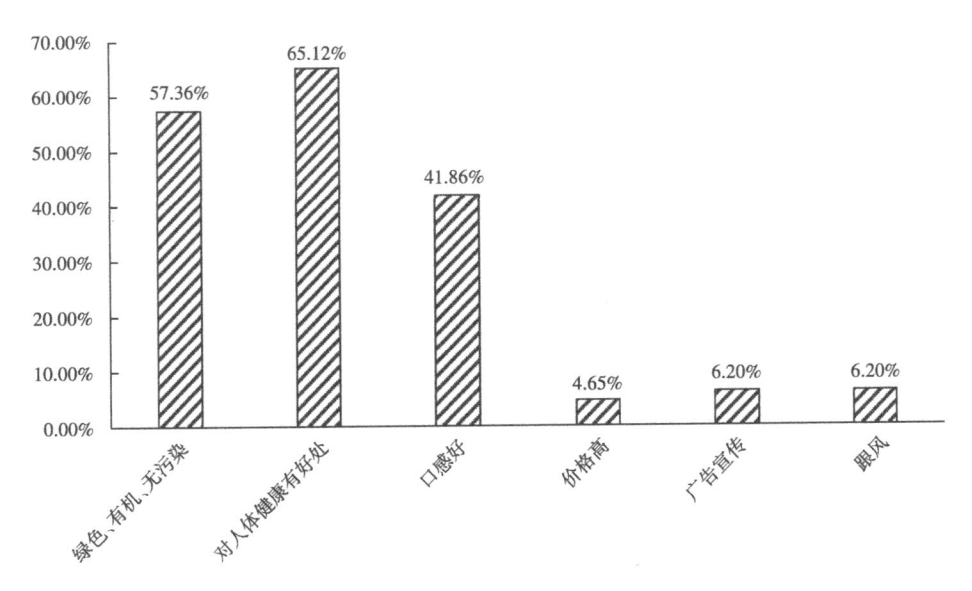

图8-19 被调查者购买高品质大米的原因(多选)

## (四)小结

本调查以重庆四个区域(主城、渝西、渝东北、渝东南)城镇居民大米消费和购买的调研数据为基础,通过描述性分析,得出以下四点结论:

一是重庆城镇居民对绿色、有机、安全等高品质大米认知情况影响着其对高端大米需求意愿;

二是大米口感是影响重庆城镇居民大米消费的重要影响因素之一,其次是品牌、安全性、价格、产地等因素;

三是重庆城镇居民的性别、年龄、教育程度、职业等因素对大米消费意愿的影响不显著,年均家庭可支配收入存在显著影响;

四是重庆城镇居民对大米的偏好主要基于大米的本质功能,价格竞争对刺激城镇居民消费的优势越来越小;

五是重庆城镇居民对高品质大米的购买意愿相对较低,但从当前重庆城镇居民对农产品安全问题的关注程度可以判断出,其对高品质大米的潜在购买意愿较强。

# 第九章

# 保障重庆粮食安全的建议

# 一、加强生产主体培育,推进农业社会化服务

1.积极培育新型粮食经营主体

支持种粮大户、家庭农场、农民专业合作社等主体推动产业的产、加、销一体化发展。

2.探索多模式联合与合作

发展区域性联合,结合各区县产业规划,依托水稻等农业产业,引导各类主体抱团成立区域型联合组织;培育行业性联合体,各区县可依托粮油优势产业组建粮油产业联合体;推进多主体融合发展,探索以产业或营销为基础建立现代农业产业联合体,成立粮油、蔬菜、水果等农业产业联合体。

3.支持新型粮食经营主体开展农业科技创新示范

对于新型粮食经营主体依托相关科研院所,培育和引进新品种、推广新机械和新技术等科技成果应用示范的,建议给予一定的项目补助。同时,建议市级相关部门和科研院所共同探索建立农业科技成果风险补偿金,为参与农业科技成果应用和示范的新型粮食经营主体提供兜底保障。

4.探索不同规模主体的分类施策

由于重庆以山地、梯田等耕地为主,建议结合实际,探索种粮大户认定标准分级制,在现有种粮大户的认定标准(50亩及以上)的基础上再进行细分,如20亩及以上、30亩及以上等认定标准,由此对不同规模主体进行分类施策。

### 5.加大对社会化服务组织的扶持力度

大力扶持专业服务公司和服务型农民合作社,不断增强其社会服务能力和区域辐射能力;鼓励实施"集体经济组织+社会化服务"模式,重视村集体经济组织在实施社会服务中的积极作用,由村集体经济组织出面做好相关工作,让农户更容易接受新思想、新技术、新模式,也使村集体经济组织自身更好地发挥内联农户、外联其他服务组织的纽带作用。

### 6.引导服务主体探索多模式服务

支持各类专业化、社会化服务组织,聚焦水稻生产关键环节与薄弱环节,面向稻农围绕水稻产业开展单环节托管、多环节托管和全程托管等多种托管模式,不断提升社会服务对农户的覆盖率,促进水稻生产节本增效和农民增收。

### 7.扶持农业综合服务经营主体

围绕农业产业链,为农业综合服务经营主体提供集农资供应、技术集成、农机使用、仓储物流、农产品营销等服务于一体的农业生产经营综合解决方案。

## 二、提高农民组织化程度,完善利益联结机制

### 1.壮大农村集体经济

充分发挥农民的主体作用,依据自愿原则,通过集体经济组织将分散的农户组织起来,进一步把撂荒地整治与水稻产业发展、村集体经济壮大相结合,盘活土地资源,推动土地资源整合。鼓励和支持水稻种植区集体经济组织优化水稻产业结构,通过自主开发、经营或投资入股等方式积极探索发展水稻产业、乡村旅游新产业等,以及产地直销、网络直销等新业态,促进乡村产业融合。

### 2.进一步拓宽农民收入来源

从增加经营性收入着手,引导农民接受新品种,应用新技术,以更加安全、绿色的生产方式进行生产,提升水稻质量,通过优质、优价提升农民生产经营收益;从增加工资性收入着手,依托农村水稻特色优势产业,积极开展产地加工、水稻副产物综合利用,建设农村电商、冷链物流,开发乡村旅游等,通过产业的良性发展,让农民获得更多产业链的增值收益,提升种粮综合效益;从增加财产性收入着手,深化集体产权制度改革,努力盘活乡村资源、资产,使农民可获得更多集体资产股份分红与土地增值收益,让乡村资源优势转变为经济优势。

### 3.探索多元化合作模式

(1)探索建立"党建+贡米产业链"模式

以村党支部领办合作社为载体,积极引进稻米精深加工企业,立足贡米种植优势,以产业链思维推进贡米产业发展,充分发挥党建引领作用,加强全产业链建设,扎实推进农民农村共同富裕。

(2)探索"公司+合作社+基地+农户"模式

引进有实力的公司建立贡米种植基地,公司负责贡米的育苗、种植、管理、销售,合作社负责土地流转、劳务用工及相关协调服务,农户将土地入股给合作社,并优先在基地务工,公司种植基地产生收益后,公司、合作社、农户三方再按约定比例进行分红。

(3)探索"村集体+合作社+农户"模式

以村集体为主体,按照农户自愿原则成立专业合作社,并作为托管组织与农户签订托管协议,统一种植新品种、统一推广新技术,为村民提供集"耕、种、管、收、加、贮、销"于一体的一条龙全托管服务。

(4)探索"科研单位+公司+合作社+农户+订单"模式

科研单位与公司联合建立贡米种植示范基地,推广科技成果,开展科技服务,合作社与农户签订订单,公司以高于市场的价格统一收购签单农户的稻谷。

## 三、提升精深加工能力,打造粮食循环经济

### 1.开发多样化的精深加工产品

全球稻谷精深加工经验表明,稻谷在精深加工后,其产值可增加5倍以上。稻谷精深加工有利于提升水稻产业价值,因此稻谷加工企业需进一步强化稻谷精深加工,开发多元化新产品,如纯天然全价营养大米、大米绿色食品等;聚焦专用米、糙米和米糠食品等新型营养健康产品,研发水稻高端产品,如小鲜米等。

### 2.加强水稻副产品利用

稻谷加工过程中产生的副产品如稻壳、米糠等,具有很高的开发利用价值,如,稻壳可以替代煤炭作为燃料,米糠可榨油,从米糠和稻壳中还可以提取30多种高附加值产品。水稻副产品可广泛应用于轮胎制造、发电、食品、药品、化妆品、化工等领域,替代不可再生资源。

### 3.探索"水稻+"综合种养模式

为稻米产业打造兼具经济效益、生态效益和社会效益的综合立体产业模式,例如:"稻虾鳝"生态种养模式,稻前养虾,稻中养黄鳝和泥鳅,绿色种养,稻田虾鳝等的粪便和饲料渣为水稻的生长提供了肥料,也有益于提高水稻品质;"稻鳖"共作模式,中华鳖能摄食水稻害虫,水稻又能将鳖的残饵及排泄物作为肥料吸收,这种模式不仅可以提高水稻产量,还可以产出高品质商品鳖。"水稻+"综合种养模式产出高质量的大米和水产品,可为经营主体带来可观收益。

### 4.推动产业规模化、集约化

规模化、集约化经营是保障全市水稻供给的关键之一,也是水稻产业转型升级的重点。建议围绕重庆全市29个水稻生产功能区(县),优先、重点建设一批高产稳产、设施完善的高标准农田,并配套提升耕地质量,完善农业生产设施,推进水稻现代化生产。

### 5.开展产销对接会

帮助水稻生产、加工等主体拓宽营销渠道,如通过举办产销对接会、搭建网络销售平台等方式,进一步解决水稻产品流通信息不对称的问题,加速从生产端到消费端的信息传递,从而实现产销的充分对接。

### 6.打造优质大米品牌

用品质讲好大米故事,依托自然资源禀赋优势,通过统一供种、统一供肥、统一防病虫、统一田间管理,严格控制农药化肥用量,筑牢绿色品质;探索"互联网+农业"的发展模式,引入质量可溯源系统,实现大米的深度溯源。同时,以大米品牌建设为契机,推动品牌打造与优势特色产业培育相结合,着力支持一批区域农业品牌。

## 四、发挥涉农信贷作用,提供有效金融保障

### 1.开发信贷产品

围绕水稻制种企业和大户,深挖金融需求,支持水稻制种主导产业规模提升;创新打造"水稻规模种植贷""水稻托管种植贷"等系列产品,助力粮食稳产保供;为稻谷收购企业量身定制融资方案,如通过"仓单贷"为相关主体提供流动资金贷款。

### 2.创新信贷模式

以水稻产业链金融为抓手,大力推进大数据、区块链等信息技术和产业链金融服务深度融合,构建水稻产业链数字金融服务体系,快速对接水稻产业链龙头企业,整合内外部数据资源,创新订单、应收账款、仓单等抵质押方式,突破传统融资担保约束,为水稻产业上下游主体提供融资服务。

### 3.发挥财政撬动作用

充分发挥财政撬动引领作用,构建多元化农业农村投入格局,以量质并重激发内生活力,通过创新投资模式、营造良好营商环境、完善制度体系、发挥产业引导基金作用等方式来满足农业农村投融资的现实需求,扩大农业农村领域有效投资。

### 4.深化"农政银担"联动

通过"农政银担"高效联动,创新相关金融信贷产品,进一步扩大担保效应,破解水稻产业"融资难""融资贵"等问题。

### 5.发挥信贷杠杆作用

通过信贷杠杆推动各区县因地制宜确定水稻产业主攻方向,依托资源优势和产业基础,突出连块成带,集群成链,建设一批集生产、加工、流通、科技、服务于一体的区域优势水稻产业集群。

### 6.探索建立稻谷收购信用保证基金

金融机构加大力度,主动同地方政府及财政、粮食等部门沟通协调,抓紧组建信用保证基金,充分发挥基金乘数效应,满足加工企业的收购资金需求,解决市场化收购风险问题。

### 7.推动信贷制度创新

金融机构可以探索产销对接模式下的制度创新,搭建跨区域产销对接平台,构筑支持水稻全产业链的政策性金融大通道,形成系统内闭环"物资流"和"现金流"。

### 8.支持综合农事服务行业发展

推动水稻种植外包规模逐渐扩大,助力农资企业向农事服务行业探索发展。支持农业综合服务经营主体围绕水稻全产业链,提供集农资供应、技术集成、农机运用、仓储物流、农产品营销等服务于一体的水稻生产经营综合解决方案。

## 五、创新农业保险模式,降低生产经营风险

1.加强政保协作

建议在水稻等粮食生产的关键时期,农业农村部门和保险公司主动投入,预防可能发生的干旱、内涝等自然灾害带来的损失,切实将农业保险与农业防灾减灾措施衔接起来,进一步提升水稻生产的抗风险能力。

2.稳步扩大农业保险覆盖面

全面落实中央关于持续推进农业保险扩面、增品、提标的要求,深入推动三大主粮完全成本保险和种植收入保险发展。鼓励保险机构针对农业产业链模式,提升粮食全产业链保险保障水平。

3.积极探索"保险+"

积极发挥多层次资本市场支持粮食供给作用,优化"保险+期货"创新合作模式。该模式作为金融创新的新形式和市场化价格风险管理的重要模式,结合了期货市场的风险规避功能与保险行业的承保理赔作用,可以创新性地解决水稻价格不可保、市场风险难规避的难题。

4.优化农业政策性保险理赔

引入真正了解农业的第三方评估主体参与定损,主体可以是乡镇的农业服务中心、职业保险经纪人等。真正了解农业的第三方评估主体可以更加有效地对农业生产的受损数量、损失率等进行科学测算、合理定损。

5.探索组建地方政策性农业保险公司

由市级财政出资建立纯公益性质的地方政策性农业保险公司,其业务范围应包含种养、加工、物流等全产业链的各个环节,制定合理的保险费率和不同险种的赔付标准体系、赔付流程。

### 6.完善大灾风险分散机制

农业再保险在稳定农产品价格、扩大农业保险覆盖面等方面发挥着重要作用,需进一步增加农业再保险供给,扩大农业再保险承保能力,加快建立财政支持的农业保险大灾风险分散机制,促进农业保险高质量发展。

### 7.探索"粮食银行"

支持国有粮食企业成立区域性"粮食银行",依托企业在粮食主产区的粮库资源,在保障农民粮食所有权的前提下,为农民提供包括烘干、仓储、分批次结算、资金支持等在内的一系列综合服务。借助"粮食银行"模式,政府部门可以及时控制和掌握社会储粮情况,"粮食银行"运作方也可以在粮食加工、经营等方面获取一定收益。

# 参考文献

[1]中共中央党史和文献研究院.习近平关于国家粮食安全论述摘编[M].北京:中央文献出版社,2023.

[2]马克思.资本论(纪念版)第三卷[M].中共中央马克思恩格斯列宁斯大林著作编译局,编译.北京:人民出版社,2018.

[3]中共中央马克思恩格斯列宁斯大林著作编译局.马克思恩格斯选集 第二卷[M].北京:人民出版社,2012.

[4]马歇尔.经济学原理[M].章洞易,缩译.海口:南海出版公司,2007.

[5]亚当·斯密.国富论[M].谢宗林,李华夏,译.3版.北京:中央编译出版社,2023.

[6]李嘉图.政治经济学及赋税原理[M].郭大力,王亚南,译.南京:译林出版社,2014.

[7]胡岳岷,刘元胜.中国粮食安全:价值维度与战略选择[J].经济学家,2013(5):50-56.

[8]王国敏,周庆元.我国粮食综合生产能力影响因素的实证分析[J].四川大学学报(哲学社会科学版),2016(3):82-88.

[9]宋洪远.实现粮食供求平衡 保障国家粮食安全[J].南京农业大学学报(社会科学版),2016,16(4):1-11.

[10]王大为,蒋和平.基于农业供给侧结构改革下对我国粮食安全的若干思考[J].经济学家,2017(6):78-87.

[11]黄季焜.国家粮食安全与种业创新[J].社会科学家,2021(8):26-30.

[12]陈锡文.切实保障国家食物供给安全[J].农业经济问题,2021(6):4-7.

[13]徐振伟.粮食安全的再定义[J].农村金融研究,2021(9):56-63.

[14]仇焕广,雷馨圆,冷淦潇,等. 新时期中国粮食安全的理论辨析[J].中国农村经济,2022(7):2-17.

[15]辛良杰.粮食安全概念、评价体系与地理学优先研究主题[J].地理科学,2024,44(3):451-462.

[16]肖琴,李建平,刘冬梅.转基因大豆冲击下的中国大豆产业发展对策[J].中国科技论坛,2015(6):137-141.

[17]李显戈,周应恒.世界粮食危机期间国际粮价格向国内传导的分析[J].统计与决策,2015(18):148-150.

[18]蒋和平.未来我国粮食安全应突出三大"有效"点[J].农村工作通讯,2018(19):56.

[19]朱晶,臧星月,李天祥.新发展格局下中国粮食安全风险及其防范[J].中国农村经济,2021(9):2-21.

[20]李先德,孙致陆,赵玉菡.全球粮食安全及其治理:发展进程、现实挑战和转型策略[J].中国农村经济,2022(6):2-22.

[21]王新华,吴怡林.当前国际形势下我国粮食贸易格局变化趋势及粮食进口风险防范研究[J].农业经济,2023(1):117-121.

[22]熊启泉,喻美辞.农产品国际贸易新格局形成中的中国因素[J].华南农业大学学报(社会科学版),2024,23(3):78-93.

[23]董梁,许铁敏,徐广才.全球谷物供需格局和增产潜力及我国粮食安全策略研究[J].中国农业资源与区划,2024,45(10):80-85.

[24]李腾飞,亢霞.新常态下中国粮食安全的价值取向与保障体系分析[J].中国科技论坛,2016(8):130-136.

[25]王瑞峰,李爽,姜宇博.中国粮食进口安全综合评价研究:基于超效率DEA模型[J].浙江农业学报,2018,30(3):489-497.

[26]李昊儒,毛丽丽,梅旭荣,等.近30年来我国粮食产量波动影响因素分析[J].中国农业资源与区划,2018,39(10):1-10.

[27]胡迪,杨向阳.后疫情时代保障粮食安全的政策取向与策略选择[J].农业经济问题,2021(1):41-53.

[28]刘林青,闫小斐.国际粮食贸易网络多核集聚格局的形成机制研究[J].

华中农业大学学报(社会科学版),2021(4):47-59.

[29]王瑞峰,李爽,孔凡娜.粮食安全保障能力:内涵特征、指标测度与提升路径[J].四川农业大学学报,2022,40(3):301-311.

[30]和聪贤.世界粮食贸易网络演变对中国粮食安全的影响研究[D].南昌:江西财经大学,2021.

[31]张友友,李义振,杜玺玺.世界粮食供需、价格问题及安全评价分析[J].昆明理工大学学报(社会科学版),2023,23(1):104-112.

[32]郑骏川,周世昕,李璨.中国粮食体系韧性测度、时空分异及推进路径:基于三大粮食功能区及四大经济区域的比较视角[J/OL].中国农业资源与区划,1-15(2024-06-25)[2024-11-13].http://kns.cnki.net/kcms/detail/11.3513.S.20240624.1422.002.html.

[33]吴海涛,霍增辉,臧凯波.农业补贴对农户农业生产行为的影响分析:来自湖北农村的实证[J].华中农业大学学报(社会科学版),2015(5):25-31.

[34]贾娟琪,李先德,王士海.中国粮食价格支持政策对国内外粮食价格溢出效应的影响研究:基于VEC-DCC-GARCH模型的分析[J].华中农业大学学报(社会科学版),2016(6):41-47.

[35]蒋和平,杨东群,王晓君.新时代我国粮食安全导向的变革与政策调整建议[J].价格理论与实践,2018(12):34-39.

[36]肖琼琪,王文涛.粮食补贴政策的中美比较、效应评价及我国补贴建议[J].湖南科技大学学报(社会科学版),2019,22(4):68-75.

[37]周静.我国粮食补贴:政策演进、体系构成及优化路径[J].西北农林科技大学学报(社会科学版),2020,20(6):88-93.

[38]张明,杨颖,邹小容.新时期中国粮食补贴政策的战略协同与差异设计[J].农业经济问题,2021(3):53-61.

[39]张斌.全球粮食市场运行特征、潜在影响与政策启示[J].价格理论与实践,2023(1):36-40.

[40]罗光强,宋新宇.中国式现代化粮食安全政策:演化逻辑、文本特征与转型路径[J].农林经济管理学报,2024,23(5):558-566.

[41]郭巧云.健全对外开放背景下的国家粮食安全保障体系研究[J].农业经济,2024(2):121-123.

[42]张哲晰,炎天尧,穆月英.健全粮食安全利益保障体系的机制设计与政策建议[J].西北农林科技大学学报(社会科学版),2024,24(2):12-23.

[43]唐琦,张辉,王桂军.以新安全格局保障新发展格局:基于统筹发展和安全视角的研究[J].政治经济学评论,2024,15(4):21-43.

[44]金三林,柳岩,刘乃郗.全球粮食安全长期趋势对中国的影响及战略[J].发展研究,2018(12):4-8.

[45]张红宇.牢牢掌握粮食安全主动权[J].农业经济问题,2021(1):14-18.

[46]曹宝明,唐丽霞,胡冰川,等.全球粮食危机与中国粮食安全[J].国际经济评论,2021(2):9-21.

[47]王锐,卢根平,陈倬,等.经贸环境不确定背景下中国粮食进口风险分析[J].世界农业,2020(5):47-56.

[48]叶盛,谢家智,涂先进.粮食金融化能够解释粮食价格波动之谜吗?[J].农村经济,2018(5):52-56.

[49]陈宇峰,田珊.定价主导权争夺下的中国粮食安全[J].经济研究参考,2015(38):38-48.

[50]徐向梅,黄汉权,张茉楠,等.俄乌冲突对全球经济带来多重影响[J].中国经济评论,2022(5):40-46.

[51]周金城,黄志天.国际石油、生物燃料价格波动对我国粮食价格的影响[J].农业经济,2020(2):132-134.

[52]赵霞,陶亚萍,胡迪.粮食安全视角下我国粮食产业国际竞争力的提升路径[J].农业经济问题,2021(5):107-119.

[53]汪希成,谢冬梅,段莉.中美玉米生产成本与收益的比较分析[J].石河子大学学报(哲学社会科学版),2020,34(6):27-36.

[54]杜梦露.全国粮食增产的主要因素分解与实证测算[J].农村经济与科技,2021,32(19):11-13.

[55]王军,张越杰.中国粮食增产的主要因素贡献分解与实证估算[J].统计与决策,2020,36(1):44-48.

[56]姜彦坤,赵继伦.日本农业结构变革及对当前中国农业转型的启示[J].世界农业,2020(8):50-56.

[57]安琪,朱晶,林大燕.日本粮食安全政策的历史演变及其启示[J].世界农业,2017(2):77-81.

[58]潘希迁.基于食物自给率视角的日本农业现存问题的分析[J].世界农业,2017(1):58-65.

[59]本刊编辑部.夯实福建省粮食安全根基的实践探索与推进策略[J].发展研究,2023,40(12):20-26.

[60]杜梦露.全面提升重庆粮食安全保障能力[N].重庆日报,2023-02-20(12).

# 后 记

行文至此,关于"重庆保障粮食安全的路径与对策"的研究暂时告一段落。粮食安全是"国之大者",对于重庆这样一座有着独特地理环境和庞大人口的城市而言,更是至关重要。研究之初,笔者便深知这一课题的复杂性和艰巨性。从查阅大量的文献资料,到深入重庆的田间地头、乡镇村庄开展实地调研,每一个步骤都充满挑战。在调研过程中,笔者看到了重庆农业领域的诸多努力和成就。无论是先进农业技术在广袤田野上的应用,还是各级政府部门为保障粮食安全所出台的政策措施,都让笔者感受到重庆在保障粮食安全方面的决心和行动力。

本书的撰写过程历时一年多,尽管最终成书的时间看似短暂,但书中的素材收集和观点形成却是笔者多年积累的结果。笔者主持和参与了大量粮食安全相关研究项目,如:主持重庆市农业农村调研课题"提高种粮效益专题研究",主持重庆市级专项资金项目"重庆水稻有效供给保障措施研究""农业供给侧结构性改革背景下重庆水稻产业发展路径与对策研究"等;作为主要人员参与中国工程院院士咨询项目"新时期重庆口粮安全战略保障措施研究""重庆市水稻绿色发展战略研究"等项目;参与编制《重庆市新一轮千亿斤粮食产能提升行动实施方案》等。这些经历为本书的撰写奠定了坚实的基础。特此向所有支持和资助这些项目的主管单位表示衷心的感谢!

研究期间,笔者得到了许多专家学者的帮助和支持。感谢重庆市巴南区石滩镇方斗村、重庆市南川区福寿镇大石坝村、重庆市酉阳土家族苗族自治县龙潭镇桐岭村相关领导和工作人员在组织协调中提供的大力支持,感谢村民朋友在问卷调查与座谈交流中的积极配合与坦诚相待。他们的无私奉献和真情友善,让笔者的调研过程充满了温暖与感动,更加坚定了笔者从事"三农"工作的初心和信念,在此向他们表示最真诚的谢意!

感谢重庆市农业科学院农业经济与乡村发展研究所罗清平所长、沈琦副所长在撰稿过程中对笔者的关心指导,让笔者有更多的时间和精力投入写作当中。感谢罗琴助理研究员、陈睿助理研究员、王琳会计师在笔者的实地调研中为笔者提供的支持和帮助。感谢西南大学出版社秦俭老师、杜珍辉老师在编辑出版过程中的辛勤付出。感谢我的家人和朋友予以我的鼓励和支持。

感谢重庆市农业科学院水稻研究所所长、党支部书记姚雄研究员，他是重庆市水稻产业技术体系创新团队副首席专家，是中国作物学会理事、中国农学会耕作制度分会理事、重庆市农学会常务理事。笔者刚参加研究工作时，有幸与他一同参与中国工程院院士咨询项目"重庆市水稻绿色发展战略研究"，其间向他学习到很多宝贵的经验和知识，获益良多。能够邀请他为本书作序，笔者深感荣幸，在此表达最诚挚的谢意！

回顾整个研究过程，虽然艰辛，但收获颇丰。笔者深知，这部专著还存在着许多不足之处，但笔者希望通过自己的研究，能够为重庆保障粮食安全这一伟大事业贡献一份微薄之力。未来，期待能够为保障重庆粮食安全提供更多有益的思路和方法。再次感谢所有关心和支持这本书的人们。

书中疏漏错误之处在所难免，敬请广大读者批评指正！

杜梦露

2025年3月